KB116233

PROGRAMS THAT WORK

자폐증의 문제행동에 대한 부모훈련

부모용 워크북

RUBI 자폐증 네트워크

Parent Training for Disruptive Behavior

The RUBI Autism Network

Karen Bearss · Cynthia R. Johnson · Benjamin L. Handen ·
Eric Butter · Luc Lecavalier · Tristram Smith · Lawrence Scahill 공저

김붕년 · 김예니 공역

학지사

역자 서문

　2017년 가을, 미국 에모리 대학교의 중증자폐환우를 위한 행동치료센터인 마커스 자폐센터 (https://www.marcus.org/)를 한 달 정도 방문하였습니다. 이곳에서 자해, 타해, 식이거부, 과잉행동 등 심각한 문제행동을 갖고 있는 자폐 스펙트럼 장애 아동과 청소년에 대한 행동치료 과정에 참여하고 돌아온 지 벌써 3년 가까이 지났습니다.

　마커스 자폐센터에서의 근거중심 행동치료와 교육과정에 대한 경험은 "문제행동은 훈련과 학습을 통해 변화되고 조절된다."는 자명한 사실을 다시금 확인시켜 주었습니다. 이 원칙이 중증자폐환우에서도 적용될 수 있음을 직접 보고 배우면서 즐거움과 경이로움도 느꼈습니다.

　병원이나 센터를 통해서 받은 치료의 효과를 가정/학교/직장/지역센터 등으로 확장하고 일반화하는 일은 비단 문제행동에 대한 효과뿐만 아니라, 모든 자폐 특수교육이나 심리-행동치료가 공통적으로 마주하고 있는 당면 과제라고 생각합니다.

　바로 그 일반화와 효과 확장을 위해서 부모도 함께 치료의 과정을 배우고, 집이나 지역사회에서 환우의 학습-훈련-교육 과정을 도울 수 있다면, 효과성은 배가 될 것입니다. 이런 생각을 구체화해서 정교하게 만들어진 프로그램이 RUBI-AUTISM NETWORK의 부모훈련 프로그램인 이 책입니다.

　이 프로그램은 이미 10년 정도에 걸쳐 정교한 임상연구와 사례연구를 통해 상당히 유의미한 효과성을 입증하였으며, 단순 부모교육보다 뛰어난 행동치료 효과, 특히 문제행동에 대한 치료 효과를 가진다는 것을 보여 주고 있습니다.

우리나라에서는 2013년 보건복지부 산하 국립정신건강센터에서 발달장애 아동과 청소년에 대한 문제행동치료를 위한 행동발달증진센터를 설립하여 운영하였고, 이후 '발달장애인 생애주기별 종합대책'에 따라 발달장애 거점병원-행동발달증진센터를 확대 설치하고 있습니다. 서울대학교병원 소아청소년정신과는 2019년 말 보건복지부에서 지정하는 발달장애인 거점병원이 되었고, 부설 행동발달증진센터를 동시에 운영하게 되었습니다.

서울대학교병원에서 지난 40년의 발달장애치료의 역사를 통해서 확인한 바에 따르면, 발달장애 환우의 가족교육-훈련-지원은 핵심치료과정 중에 하나가 되어야 한다는 사실입니다. 이는 모아애착 프로그램, 소아청소년 사회성증진 프로그램, 발달장애 가족교육 프로그램을 통해 확인되었습니다. 이러한 흐름에 덧붙여, 이 책인 『자폐증의 문제행동에 대한 부모훈련』을 발간하여 좀 더 도움이 되고자 합니다.

『자폐부모 교육』(학지사)에서도 언급하였지만, 21세기에 출판된 다양한 자폐 스펙트럼 장애 치료 프로그램에 대한 효과성 연구의 결과를 종합해 보면, 첫째, 일찍 발견해서 일찍 충분한 치료/교육을 제공한다. 둘째, 사회성에 초점이 맞추어진 종합적 접근을 제공한다. 셋째, 부모와 가족을 교육하고 훈련을 시켜서 자폐환우의 치료에 참여할 수 있는 능력을 배양하는 것이 치료 효과 증진에 결정적이라는 결과를 일관되게 보여 주고 있습니다. 이러한 부모님 참여의 중요성에 도움이 될 수 있는 책이 이 부모훈련 프로그램이라고 생각합니다.

이 책의 번역과정에서 큰 도움을 주신 분이 많습니다. 서울대학교병원 소아정신과 임상강사를 마치고, 지금은 가톨릭대학교병원으로 옮기신 유재현 교수님, 홍영은 선생님과 오매화 선생님 그리고 발달장애 가족(부모)훈련 프로그램 운영을 위하여 고생해 주신 국립정신건강센터의 최정원 과장님, 양영희 선생님 그리고 행동발달증진센터의 모든 선생님께 감사드립니다.

이 프로그램이 앞으로 많은 거점병원과 대학병원뿐만 아니라, 공공병원과 클리닉에서도 폭넓게 사용되기를 바라고, 의료 영역을 넘어 특수교육/사회복지/발달심리 영역으로도 확장되기를 바랍니다. 감사합니다.

2020년 8월

김붕년, 김예니 올림

부모용 워크북 소개

RUBI 부모용 워크북에 오신 것을 환영합니다! RUBI 부모훈련 프로그램은 보호자가 텐트럼, 지시 따르지 않기, 공격행동, 자해행동 등 아동의 문제행동을 줄이고, 옷 입기, 목욕하기, 양치하기와 같이 일상생활 기술을 개선하기 위한 전략을 배우도록 고안되었습니다. 이 책은 다음의 주제들을 다룹니다.

- 문제행동 발생을 예방하는 방법
- 아이의 다음 행동을 예측하기 쉽도록 일과를 따르는 방법
- 보호자가 원하는 적절한 행동을 더 하게끔 강화하는 방법
- 문제행동에 대응하는 방법
- 아이에게 새로운 기술을 가르치는 방법
- 프로그램 회기 동안 아이에게 나타난 긍정적인 변화가 유지되고, 다른 사람 및 상황으로 확장되고 있음을 확신하는 방법

RUBI 부모훈련 프로그램은 모든 가족이 참여하는 11개 회기로 이뤄져 있습니다. 치료자는 여러분이 프로그램을 완료한 후 회기뿐만 아니라 가정 방문을 진행할 수 있습니다. 마지막으로 여러분과 치료자는 수면, 섭식, 용변 문제 등의 정규 회기 외 주의가 필요한 문제들을 돕기 위한 보충 회기를 진행할 수 있습니다.

소개 페이지를 넘기면 여러분은 행동지원계획서(BSP) 양식을 마주할 것입니다. 이 계획서는 치료자와 매 회기마다 작성하게 됩니다. 여러분은 치료자와 함께 행동지원계획서에 매주

고안한 모든 새로운 전략을 기록하게 됩니다. 행동지원계획서는 부모훈련 회기가 진행될 때 계속해서 검토 및 수정될 수 있습니다. 각 회기는 행동지원계획서에 대한 내용 정리 및 업데이트뿐만 아니라 이전 회기의 과제를 점검하며 시작합니다. 각 회기에 작성한 행동지원계획서에 대한 검토는 여러분에게 이전 전략의 성공 및 어려움을 논의하는 기회를 제공합니다. 검토는 문제를 확인하고, 진행 중인 중재를 재정비하고, 새로운 전략을 개발하는 데 사용합니다. 행동지원계획서는 계속해서 수정될 것입니다. 행동지원계획서가 점차 수정되고, 완료된 최종 행동지원계획서는 여러분과 치료자가 아동의 문제행동을 해결하는 데 도움을 주고, 아동의 일상생활 기술을 개선하는 데 사용된 모든 다양한 중재 전략에 대한 풍부한 설명을 제공할 것입니다.

여러분이 매 회기마다 사용하게 될 자료들은 다음과 같습니다.

- 학습활동: 각 회기는 여러분이 치료자와 함께 완료해야 할 활동이 포함되어 있습니다.
- 과제: 회기마다 여러분은 치료자와 함께한 주간에 수행하기로 결정한 기술을 연습하기 위한 과제를 진행하여야 합니다. 여러분은 과제를 하면서 경과(성공 및 어려움)를 문서화하기 위하여 과제 활동지를 사용하도록 격려받습니다. 이는 여러분이 다음 회기에서 치료자와 함께 발생했던 문제를 해결하는 데 도움을 줄 수 있습니다.
- 회기 정리: 각 회기는 회기 내용을 요약한 복습지(회기 정리)가 포함됩니다. 여러분은 이 자료를 아동의 다른 양육자에게 보여 주어 과제로 채택된 전략의 이행을 지원하도록 하는 것이 권장됩니다.

RUBI 연구들은 많은 자폐스펙트럼 아동과 가족에게 RUBI 부모훈련 프로그램이 많은 도움이 되고 있음이 시사되고 있습니다. RUBI 부모훈련 프로그램을 사용해 주셔서 감사합니다.

행동지원계획서

성명(아동):　　　　　　　　번호:

표적 문제행동: 우리가 교정하고 싶은 행동의 정의	
행동 1:	
행동 2:	
행동 3:	
행동 4:	
인지된 기능(들): 표적행동의 원인	
행동 1:	
행동 2:	
행동 3:	
행동 4:	

문제행동의 예측/촉발 요인들:
행동을 더 자주 촉발시키는 상황

행동지원계획서

성명(아동):   번호:

	자료 수집: 문제행동의 진행을 추적하는 방법		
약어	**약어의 뜻**	**정의**	**사례**
A	**선행사건** (Antecedent)	행동이 발생하기 직전에 일어나는 단서 혹은 촉발 요인	• 무엇을 하라고 지시받는 것 • 아이가 원하는 것을 얻지 못하는 것 • 관심을 끌지 못하는 것
B	**행동(Behavior)**	관찰되거나 셀 수 있거나 시간을 측정할 수 있는 표적행동	• 때리기 • 소리 지르기 • 말대꾸 • 칭얼거림
C	**결과(Consequence)**	행동 직후 일어나는 것. 긍정적이거나 부정적인 상황일 수 있음	• 타임아웃 • 특권의 제한 • 무시 • 보상 • 안아주기 또는 칭찬하기

1) ABC를 사용하여 행동의 기능을 확인한다:
- 요구를 회피하거나 '하지 않기' 위해서
- 관심을 끌기 위해서
- '아이가 원하는 것을 얻기' 위해서
- '자기 자극'이기 때문에

2) 문제행동의 기능을 설명하는 가장 적합한 행동 전략(들)이 무엇인지 결정한다.

3) 행동 전략을 실제로 해 보고, 아동의 행동이 어떻게 바뀌고 있는지 그 진행을 추적해 보기 위해 자료 수집 서식들을 만들고 사용한다.

행동지원계획서

성명(아동):   번호:

전략	세부 사항	시작일
예방 전략(선행사건): 처음부터 해당 행동을 발생시키지 않으려면 무엇을 해야 하는가		

행동지원계획서

성명(아동):   번호:

강화물: 아이에게 동기를 부여해 주는 물건 또는 활동	
일차적 강화물	
사회적 강화물	
물질/시각적 강화물	
활동/특권	
토큰	

강화물에 관한 추가 내용

강화물은 이런 경우 가장 효과적이다. 만약:

- 강화물에 대한 '행동의 결과'라는 맥락 외에는 접근이 제한된다.
- 아이가 강화물을 정말 원한다.
- 강화물은 아이가 성공적으로 행동을 완수했을 때에 국한하여 준다.

행동지원계획서

성명(아동):　　　　　　　　번호:

강화 전략: 아이가 좋은 행동을 할 때 보상을 주는 방법		
전략	세부 사항	시작일

행동지원계획서

성명(아동):   번호:

결과 전략: 행동 발생 후 해야 할 일		
전략	세부 사항	시작일

행동지원계획서

성명(아동):   번호:

기술 가르치기 전략: 그 행동들이 나타나지 않게 하기 위해서 아이에게 무엇을 가르칠 것인가		
전략	세부 사항	시작일

행동지원계획서

성명(아동):   번호:

보충 회기:

행동지원계획서

성명(아동):   번호:

유지 및 일반화:
모든 환경에서 문제행동 비율을 낮게 유지시키기 위하여 어떻게 해야 하는가?

행동을 유지시키기 위한 방법:

1. 행동을 유지시키기 위하여 지속적인 강화가 중요하다.

2. 새로운 기술에 대한 강화를 점차 현실적인(자연스러운) 강화 계획으로 줄여 간다.

　　한 가지 방법은 간헐적 강화로, 가령 매번 행동을 강화하는 것에서 3번 또는 5번 행동이 나타났을 때 강화하는 것으로 강화를 줄여 가는 것이다.

　　또 하나의 방법은 지연 강화로, 행동을 즉시 강화하지 않고 시간이 조금 지난 후에 제공하는 것으로 강화를 덜 제공하는 것이다.

상황과 사람에 걸쳐 기술의 일반화를 촉구하는 방법:

1. 새로운 기술은 서로 다른 상황에서 강화되는 경우, 보다 일반화될 수 있다.

2. 서로 다른 상황에서 자연스럽게 발생하는 강화물들을 사용하면 도움이 된다.

3. 기술을 익힌 상황과 너무 다른 상황인 경우, 새로운 기술이 새로운 상황에서 일반화되지 않을 경우도 있다.

4. 집 밖의 상황에서 문제행동들이 강화되고 있지 않은지를 확인한다.

행동지원계획서

성명(아동):   번호:

앞으로 고려해야 할 사항: (다가올) 미래에 시행할 수 있는 전략	
전략	**세부 사항**

차례

핵심 회기

1 회기　행동 원리

학습활동 1.1

부모훈련 프로그램 개요

회기	기술/활동
1. 행동 원리	• 전체 치료 목표를 소개한다. • 행동의 기능, 선행사건 및 행동 결과의 개념을 소개한다.
2. 예방 전략	• 문제행동의 선행사건을 논의하고, 예방 전략을 개발한다.
3. 일과표	• 문제행동을 줄이기 위해 일과표를 세우고, 중재 지점(시각적 일과표 사용을 포함)을 확인한다.
4. 강화 1	• 지시 따르는 것을 장려, 원하는 행동 강화 및 새로운 행동을 가르치기 위해서 강화물의 개념을 소개한다.
5. 강화 2	• '아이가 올바른 행동을 할 때 관심주기'를 소개한다. • 아이 주도적 놀이를 통해 놀이와 사회적 기술을 가르친다.
6. 계획된 무시	• 문제행동을 감소시키기 위해 소거(계획된 무시)의 조직적 사용을 검토한다.
7. 지시 따르기 훈련	• 지시에 따르는 것을 향상시키고, 지시에 따르지 않는 행동을 관리하기 위해서 지시 따르기 사용 및 효과적인 부모의 요청을 소개한다.
8. 기능적 의사소통 훈련	• 체계적 강화를 통해 문제행동을 대체할 대안이 되는 효과적인 부모 요청 및 의사소통 기술을 소개한다.
9. 기술 가르치기 1	• 행동 연쇄와 과제 분석을 사용하여 문제행동을 적절한 행동으로 교체하는 것, 새로운 적응, 대처 및 여가 기술을 촉진하기 위한 도구를 제공한다.
10. 기술 가르치기 2	• 기술을 가르칠 때 사용할 수 있는 다양하고 신속한 절차를 지도한다.
11. 일반화 및 유지	• 긍정적 행동 변화를 강화시키고, 새로 배운 기술을 일반화하기 위해 전략을 세운다.
가정 방문[1]	• 자연스러운 환경에서 아이를 관찰한다. • 아동의 집 구조를 익힌다. • 전략의 시행을 계획한다.
촉진 전화 통화	• 중재 전략의 시행을 검토한다. • 새로 나타나는 염려되는 행동들에 대한 중재법을 개발한다.

1) 가정 방문은 치료자의 판단에 따라 치료 초반이나 후반에 진행할 수 있다.

보충 회기	기술/활동
1. 토큰 시스템	• 부모에게 집과 지역사회에서 긍정적 행동을 장려하기 위해 사용하는 토큰, 별 차트 및 포인트 제도의 바른 사용법을 알려 준다.
2. 섭식 문제	• 편식, 식사 시간 문제행동들, 과식과 같이 자폐 스펙트럼 장애 아동이 자주 보이는 섭식 문제들을 부모가 다룰 수 있도록 도와준다.
3. 모방 기술	• 부모에게 아이가 다른 사람을 모방하도록 도와줄 수 있는 핵심 기술을 지도한다.
4. 수면 문제	• 취침 시간 일과의 어려움, 잠들기 어려움, 밤에 깨는 것, 수면 관련 문제들 및 아이가 부모의 침대에 들어가는 것과 같이 자폐 스펙트럼 장애 아동이 자주 보이는 취침 시간 및 수면 문제에 대한 정보를 제공한다.
5. 타임아웃	• 타임아웃을 제대로 사용하는 것, 문제가 발생했을 때 문제를 해결하는 방법, 집에서 타임아웃 계획을 어떻게 개발하고 시행하는지에 대한 정보를 제공한다.
6. 용변 훈련	• 기저귀 떼기, 변기 사용 거부, 취침 중 용변 문제들과 같은 용변 훈련 문제들을 부모가 다룰 수 있도록 도와준다.
7. 위기 관리	• 아동의 위험한 행동 다루기, 가족 위기 및 어려운 교육 문제들을 해결할 수 있는 기회를 제공한다.

학습활동 1.2

ABC 모형

| 선행사건
(Antecedent) | 행동
(Behavior) | 결과
(Consequence) |

A = 선행사건: 행동 이전에 '촉발요인'과 같이 행동을 촉발시키는 사건

B = 행동: 아동의 구체적인 반응

C = 결과: 행동 이후에 그 반응으로 일어나는 것

선행사건 식별하기

1. 수전(Susan)은 프레드(Fred)가 자신이 보던 책을 빼앗아 가자 프레드를 때렸다.

    선행사건: --

2. 메리(Mary)는 아버지가 전화통화를 하고 있을 때 소리를 질러 방해하기 시작한다.

    선행사건: --

3. 랜디(Randy)는 어머니가 채소를 그의 접시 위에 놓으면 그것을 던져 버린다.

    선행사건: --

4. 노아(Noah)는 병원 가는 길에 있는 놀이터를 보면 소리를 지른다.

    선행사건: --

학습활동 1.4

어머니/치료자 간의 대화

대화 1

어머니: "톰(Tom)은 집에서 말을 잘 안 들어요. 치료 시간 동안에도 행동이 나쁜가요?"

치료자: "톰은 대체로 착하지만, 가끔 고집이 세요."

대화 2

어머니: "톰은 집에서 저를 때려요. 치료 시간에도 선생님을 때리나요?"

치료자: "아니요, 때린 적은 없지만 머리칼을 잡아당긴 적은 있어요."

행동의 정의: 이 용어들은 행동적으로 어떻게 정의될 수 있는가?

　　　 (경험적으로: 횟수나 시간을 셀 수 있다.)

공격행동: --

방해행동: --

행동의 기능 구별

선행사건	행동	결과	가능한 기능
라이언(Ryan)이 점심으로 터키 샌드위치를 받았다.	라이언은 바닥에 누워 팝타르트를 달라고 소리를 지른다.	어머니는 샌드위치를 치우고 팝타르트를 굽기 시작한다.	• 도피/회피 • 관심 끌기 • 원하는 것 얻기 • 자동으로 보상

선행사건	행동	결과	가능한 기능
라이언은 학교에 가기 위해서 차에 탔다.	라이언은 위아래로 손을 흔든다.	어머니는 그가 좋아하는 라디오 방송을 틀어준다.	• 도피/회피 • 관심 끌기 • 원하는 것 얻기 • 자동으로 보상

선행사건	행동	결과	가능한 기능
어머니는 라이언에게 방 청소를 하라고 한다.	라이언은 울고 칭얼대면서 지금 청소하기 싫다고 한다.	어머니는 그를 안아주고 울지 말라 하고 방 청소의 중요성에 대해 얘기한다.	• 도피/회피 • 관심 끌기 • 원하는 것 얻기 • 자동으로 보상

선행사건	행동	결과	가능한 기능
어머니는 라이언에게 숙제를 하라고 한다.	라이언은 방으로 도망간다.	어머니는 그가 조용히 있기 때문에 거기 있게 놔둔다.	• 도피/회피 • 관심 끌기 • 원하는 것 얻기 • 자동으로 보상

학습활동 1.6

종합하기:
선행사건, 행동, 결과 및 행동의 기능 구별하기

1. 마이클(Michael)이 거실에서 남동생과 만화를 보고 있는데, 갑자기 동생이 채널을 돌린다.
   마이클은 동생을 때리고, 어머니는 그를 혼낸 뒤 방으로 보낸다.

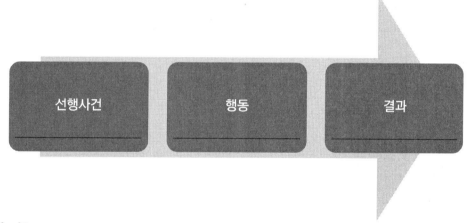

가능한 기능:

----

2. 수지(Susie)는 컴퓨터 게임을 하고 있는데, 아버지가 이제 그만 컴퓨터를 끄고 과제를 하라
   고 한다. 수지는 바닥에 누워서 소리를 지르며 발차기를 한다. 수지 때문에 낮잠 자는 여동
   생이 깨지 않도록 아버지는 수지가 컴퓨터 게임을 좀 더 하도록 해 준다.

가능한 기능:

선행사건-행동-결과(ABC)

날짜	시작/끝난 시간	환경	활동	관련된 사람	선행사건: 행동 직전에 무슨 일이 일어났는가?	행동: 어떤 모습이었는가?	결과: 행동 이후에 일어난 일은 무엇이고, 어떻게 행동을 다루었는가?	행동의 기능(가설 기능에 동그라미 표시한다.)
								• 도피/회피 • 관심 끌기 • 원하는 것 얻기 • 자동으로 보상
								• 도피/회피 • 관심 끌기 • 원하는 것 얻기 • 자동으로 보상
								• 도피/회피 • 관심 끌기 • 원하는 것 얻기 • 자동으로 보상
								• 도피/회피 • 관심 끌기 • 원하는 것 얻기 • 자동으로 보상

선행사건-행동-결과(ABC)

날짜	시작/ 끝난 시간	환경	활동	관련된 사람	선행사건: 행동 직전에 무슨 일이 일어났는가?	행동: 어떤 모습이었는가?	결과: 행동 이후에 일어난 일은 무엇이고, 어떻게 행동을 다루었는가?	행동의 기능(가설 기능에 동그라미 표시한다.)
								• 도피/회피 • 관심 끌기 • 원하는 것 얻기 • 자동으로 보상
								• 도피/회피 • 관심 끌기 • 원하는 것 얻기 • 자동으로 보상
								• 도피/회피 • 관심 끌기 • 원하는 것 얻기 • 자동으로 보상
								• 도피/회피 • 관심 끌기 • 원하는 것 얻기 • 자동으로 보상

학습활동 1.7

선행사건–행동–결과(ABC)

날짜	시작/끝난 시간	환경	활동	관련된 사람	선행사건: 행동 직전에 무슨 일이 일어났는가?	행동: 어떤 모습이었는가?	결과: 행동 이후에 일어난 일은 무엇이고, 어떻게 행동을 다루었는가?	행동의 기능(가설 기능에 동그라미 표시한다.)
								• 도피/회피 • 관심 끌기 • 원하는 것 얻기 • 자동으로 보상
								• 도피/회피 • 관심 끌기 • 원하는 것 얻기 • 자동으로 보상
								• 도피/회피 • 관심 끌기 • 원하는 것 얻기 • 자동으로 보상
								• 도피/회피 • 관심 끌기 • 원하는 것 얻기 • 자동으로 보상

학습활동 1.7

선행사건-행동-결과(ABC)

날짜	시작/끝난 시간	환경	활동	관련된 사람	선행사건: 행동 직전에 무슨 일이 일어났는가?	행동: 어떤 모습이었는가?	결과: 행동 이후에 일어난 일은 무엇이고, 어떻게 행동을 다루었는가?	행동의 기능(가설 기능에 동그라미 표시한다.)
								• 도피/회피 • 관심 끌기 • 원하는 것 얻기 • 자동으로 보상
								• 도피/회피 • 관심 끌기 • 원하는 것 얻기 • 자동으로 보상
								• 도피/회피 • 관심 끌기 • 원하는 것 얻기 • 자동으로 보상
								• 도피/회피 • 관심 끌기 • 원하는 것 얻기 • 자동으로 보상

1회기 정리

선행사건이란? 선행사건은 어떤 행동 이전에 일어나는 상황이나 사건이다. 가끔은 따라오는 행동의 '촉발요인'으로 설명되기도 한다. 선행사건은 사람으로 하여금 어떤 행동을 취하도록 신호를 주는 하나의 사건(울리는 전화, 등교할 때 다른 길로 가는 것), 사람(미술 선생님은 안 그렇지만 음악 선생님은 그런 경우) 또는 물건(멈춤 표지판, 과자가 놓인 접시)이다.

행동이란? ABC 모형의 중요한 개념은 우리가 보이는 대부분의 행동이 학습한 것이라는 것이다. ABC 모형에서는 '행동'이라는 용어를 매우 구체적인 방법으로 사용한다. 행동은 관찰될 수 있고 셀 수 있거나 시간을 잴 수 있는 모든 활동이다. 이 모형에서는 행동을 구체적으로 정의 내려 아이를 보는 모든 사람이 어떤 구체적인 행동이 발생되는지를 알 수 있도록 한다.

결과란? 결과는 행동에 대한 반응으로 행동 직후에 일어난 일이다. 어떤 결과들은 당연한데, 예를 들어 빨간불을 지나쳐서 벌금을 내는 것, 자판기에 돈을 집어넣은 후 콜라가 나오는 것이 있다. 다른 것들은 계획된 것으로, 예를 들면 아이가 누구를 때렸을 때 타임아웃을 주는 것이다. 행동은 다른 사람들을 모방하거나 직접적으로 배운 것을 통해 몇 년간 학습된 것이다. 결과는 행동이 유지되도록 하는 것, 즉 행동이 지속되도록 하는 것이다. 예컨대, 아이가 학교에서 손 드는 것을 배우는 이유는 선생님이 아이를 불러서 시키기 때문이다. 아이가 때리지 않는 것을 학습하는 이유는 컴퓨터를 할 수 있는 시간을 뺏기는 결과를 낳기 때문이다.

문제행동의 기능 또는 목적: 아이가 문제행동을 하는 데에는 여러 이유가 있다.
1. 그 행동을 통해 아이가 상황을 피하거나 벗어날 수 있었다.
2. 그 행동을 통해 아이가 관심을 끌었다.
3. 그 행동을 통해 아이가 원하는 것을 얻었다(장난감, 아이패드).
4. 아이가 그러한 행동을 하는 것을 즐긴다(감각적인 자극을 위해서, '자동으로 보상', 불안 해소).

기능적 행동 평가: 행동 및 그의 선행사건과 결과들에 대한 기록을 남기면 우리는 특정 행동에 대한 가능한 기능 또는 목적을 더 잘 이해할 수 있다. 그 후에 행동을 바꾸는 방법에 대한 더 좋은 판단을 내릴 수 있다.

행동지원계획서: 이 자료는 프로그램을 통해 여러분의 자녀를 위해 개발된 전략을 요약한 것이다. 표적행동과 그 기능을 기록하는 것과 더불어 행동지원계획서는 프로그램의 세 가지 주요 요소에 대해 요약해 주는데, 여기에는 예방 전략, 대안기술 가르치기, 결과가 있다.

예방 전략

학습활동 2.1a

예방 전략 카테고리의 예

사람이나 상황을 피한다. (극장이나 교회에 가지 않는다.)	우리는 아이와 함께 영화를 보러 가지 못해요. 아이가 그렇게 오랫동안 가만히 앉아 있지 못해요.
환경을 통제한다. (문을 자물쇠로 잠근다.)	아이가 밖으로 나갈까 봐 집 대문에 알람을 설치해 놨어요.
작은 일부터 한다. (한 시간 이내로 쇼핑한다.)	다른 자녀의 농구 시합을 보러 갈 때, 15분 동안은 체육관 안에 있다가 남편이 아이를 데리고 체육관 밖에서 걷고 와요.
사건의 순서를 바꾼다. (TV 시청 전에 아이가 옷을 갈아입는다.)	우리는 아이들이 TV를 보면서 밥을 먹도록 허락했어요. 그런데 아이가 밥을 잘 먹지 않아 계속 밥을 먹으라고 소리를 질러야 했어요. 그래서 이제는 저녁 식사 후에만 TV를 볼 수 있는 규칙을 만들었어요.
문제의 초기 조짐에 반응한다. (아동의 주의를 끌거나 요구를 바꾼다.)	아이가 레스토랑에서 더 이상 가만히 앉아 있을 수 없을 때를 대충 눈치챌 수 있어요. 몇 분 후, 또 꼼지락거리기 전에 남편이 아이를 데리고 걷다가 와요.
질문이나 대답하는 법을 바꾼다. ("안 돼."라고 하지 않고 선택권을 준다.)	우리 아들의 경우에는 선택권이 주어지면서 지시 따르지 않기 행동이 줄어들었어요. 예를 들어, 취침 시간 전에 두 권의 책 중에 어느 것을 읽을 것인지 물어봐요.
배경 사건을 다룬다. (수면 부족, 병, 배고픔)	학교 직원은 우리 아들이 매일 학교에서 11시와 정오 사이에 과민해지고 공격적으로 된다고 말해 주었어요. 함께 고민한 후 오전 10시 30분쯤에 간식을 주자는 계획을 짰고, 그 후 문제가 없어졌어요.
시각적, 청각적 신호를 사용한다. (그림, 목록, 타이머)	아이는 집과 학교에서 활동이 전환될 때 짜증을 내요. 선생님은 하루의 모든 일과를 나타내는 그림 일과표를 아이에게 주었어요. 어느 한 활동에서 다른 활동으로 전환될 때 아이가 스케줄을 확인하도록 해요.

예방 전략 카테고리

사람이나 상황을 피한다. (극장이나 교회에 가지 않는다.)	
환경을 통제한다. (문을 자물쇠로 잠근다.)	
작은 일부터 한다. (한 시간 이내로 쇼핑한다.)	
사건의 순서를 바꾼다. (TV 시청 전에 아이가 옷을 갈아 입는다.)	
문제의 초기 조짐에 반응한다. (아동의 주위를 끌거나 요구를 바 꾼다.)	
질문이나 대답하는 법을 바꾼다. ("안 돼."라고 하지 않고 선택권을 준다.)	
배경 사건을 다룬다. (수면 부족, 병, 배고픔)	
시각적, 청각적 신호를 사용한다. (그림, 목록, 타이머)	

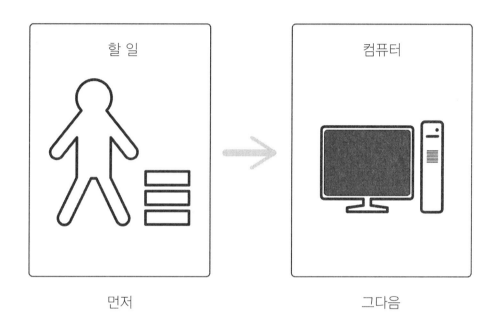

[그림 2-1] 먼저-그다음 보드의 예

비디오 삽화

다음 카테고리에 있는 전략이 문제행동을 예방할 수 있으면 체크 표시를 하시오.

카테고리	비디오 1	비디오 2	비디오 3	비디오 4	비디오 5
사람이나 상황을 피한다. (극장이나 교회에 가지 않는다.)					
환경을 통제한다. (문을 자물쇠로 잠근다.)					
작은 일부터 한다. (한 시간 이내로 쇼핑한다.)					
사건의 순서를 바꾼다. (TV 시청 전에 아이가 옷을 갈아입는다.)					
문제의 초기 조짐에 반응한다. (아동의 주위를 끌거나 요구를 바꾼다.)					
질문이나 대답하는 법을 바꾼다. ("안 돼."라고 하지 않고 선택권을 준다.)					
배경 사건을 다룬다. (수면 부족, 병, 배고픔)					
시각적, 청각적 신호를 사용한다. (그림, 목록, 타이머)					

선행사건 관리 데이터 시트의 예

날짜	시간	표적행동	예방 전략	얼마나 효과적이었는가
20○○.11.1	오전 10:15	활동이 전환될 때 떼쓰기	5분 경고를 주고, 아이가 그림 일과표를 확인하도록 했다.	10분 동안 성질을 부렸다.
20○○.11.2	오후 8:45	잠자기 위한 준비를 하라고 했을 때 떼쓰기	5분 경고를 주고, 아이가 그림 일과표를 확인하도록 했다.	징징거리기는 했지만 성질을 부리지는 않았다.
20○○.11.3	오전 8:10	학교 갈 준비하기 위해 코트를 입으라고 했을 때 떼쓰기	5분 경고를 주고, 아이가 그림 일과표를 확인하도록 했다.	징징거리기는 했지만 성질을 부리지는 않았다.
20○○.11.3	오후 8:45	자리 갈 준비를 하라고 했을 때 떼쓰기	5분 경고를 주고, 아이가 그림 일과표를 확인하도록 했다.	잘 따랐고, 성질도 안 부리고, 징징거리지도 않았다.

선행사건 관리 데이터 시트

날짜	시간	표적행동	예방 전략	얼마나 효과적이었는가

2회기 정리

1. **특정 사람이나 상황을 피한다:** 어떤 문제행동들은 레스토랑, 가게, 교회 또는 줄 서서 기다리는 곳에 가는 것을 제한하여 예방할 수 있다.

2. **환경을 통제한다:** 사례로는 캐비닛을 자물쇠로 잠그거나 아이가 집 밖으로 나가는 것을 방지하기 위해 안에서 문을 잠그는 것이 있다. 어떤 선생님들은 교실 내의 환경에서 그 아이를 자극시키는 다른 아이들로부터 멀리 앉히거나 주의집중을 방해하지 않기 위하여 칸막이를 친다.

3. **작은 일부터 한다:** 아이는 짧은 시간 동안에는 그 상황을 대처할 수 있으나 — 시간이 지남에 따라 행동이 악화될 수도 있다. 이 상황들을 아예 피하는 것이 아니라 부모들은 특정 상황에서 보내는 시간 또는 방문하는 곳의 수를 제한할 수도 있다. 예를 들면, 가족은 한번에 여러 볼일을 보는 것이 어렵지만 슈퍼마켓에만 가는 것은 성공적이라는 것을 발견한다.

4. **사건의 순서를 바꾼다:** 아이들이 좋아하는 것을 하고 있다가(예: 아이패드를 가지고 놀 때), 하던 걸 멈추고 일과에 따르도록 하면 어떤 아이들은 적극적으로 항의를 한다. 부모는 순서를 바꿔서 아이가 해야 할 요구사항을 완수한 후 좋아하는 활동을 할 수 있도록 해 줄 수도 있다.

5. **문제의 초기 조짐에 반응한다:** 어떤 부모는 아이가 더 짜증이 났음을 아이의 '눈빛' 또는 다른 신호들을 통해 눈치챌 수 있다. 이 경우에는 아이가 요구사항을 빨리 성취할 수 있도록 부모가 추가적인 도움을 제공할 수 있다. 부모는 아이가 진정되도록 스트레스 상황에서 빠져나갈 수 있게 해 줄 수도 있다.

6. **질문이나 대답하는 법을 바꾼다:** 아이에게 "안 돼."라고 했을 때 아이가 화를 낸다고 하는 부모의 얘기를 자주 듣는다. 그 대신, 요구할 때 선택권을 주는 것, 유머를 사용하는 것, 또는 5분 후에는 하던 일을 멈춰야 한다고 아이에게 얘기하는 것을 고려할 수 있다.

7. **배경 사건을 다룬다:** 배경 사건은 아이의 행동에 영향을 미치는 일반적인 조건이나 상황이

다. 피곤함, 배고픔 또는 부모님과 떨어지는 것에 대한 두려움 등이 포함된다. 예를 들어, 집에 라디오가 켜져 있고, 게임기의 소리와 컴퓨터의 윙윙거리는 소리가 나고 있다고 하자. 부모가 일과를 하자고 제안하는데, 아이가 거부하기 시작한다. 부모가 아이에게 일과를 요청하면 선행사건으로 고려되지만 배경 사건(배경음)이 아동의 행동에 한몫을 했을 것이다.

8. 시각적, 청각적 신호를 사용한다: 그림, 작성된 목록 또는 타이머와 같은 시각적 또는 청각적 신호들은 아이에게 한 활동에서 다음 활동으로 넘어가야 한다는 것을 상기시켜 줄 수 있다. 시각적·청각적 신호들은 아이들이 일상에 있는 일에 대한 정보를 처리할 수 있도록 도와주고, 예측하게 해 주며, 일상에서 하는 일들의 유연성과 독립성을 키워 준다. 시각적 전략의 예로는 '시각적 일과표'와 '먼저-그다음' 보드가 포함된다.

3 회기 일과표

학습활동 3.1

일과표

시간	활동	문제 영역 또는 잠재적 강화물	잠재적 예방 전략

학습활동 3.2

비디오 삽화

다음 카테고리에 있는 전략이 문제행동을 예방할 수 있으면 체크 표시를 하시오.

카테고리	비디오 1	비디오 2	비디오 3	비디오 4
요구 시간을 바꾼다.				
원치 않은 활동을 했을 때 보상으로 재미있는 활동을 한다.				
일과를 만든다.				
사람이나 상황을 피한다.				
환경을 통제한다.				
작은 일부터 한다.				
사건의 순서를 바꾼다.				
문제의 초기 조짐에 반응한다.				
질문이나 대답하는 법을 바꾼다.				
배경 사건을 다룬다.				
시각적 · 청각적 신호를 사용한다.				

[그림 3-1] 생활 일과표

시각적 일과표 양식 계획하기

다음은 여러분 자녀의 시각적 일과표 양식에 고려해야 할 사항들이다.

물건	사진	아이콘	볼 수 있는 단어
시각적 일과표를 사용한 적이 없거나 경험이 적다.	아이가 사진에 관심을 보인다.	아이가 사진 이외에 시각적인 표현과 의미를 연결시킬 수 있다 (예: 박스에 있는 표시, 만화 이미지).	아이가 글을 읽기 시작한다.
아이가 운동감각형, 시각적 학습자이다.	아이가 사진에 있는 구체적인 항목을 손으로 짚거나 이름을 댈 수 있다.	아이가 물건의 다양한 시각적 표현들을 알아본다.	아이가 쓰여 있는 단어에 의미를 연결시킬 수 있다.
아이가 물건이나 장소를 관련된 의미와 연결시킬 수 있거나 그것을 이제 막 이해하기 시작했다.	아이가 의미를 연결시킬 수 있고/또는 사진으로부터 정보를 얻을 수 있다.	아이가 여러 물건을 최소한 한 가지 특성으로 묶을 수 있다.	아이가 쓰여진 단어에 물건의 시각적 표현을 연결시킬 수 있다.
아직은 그림이나 사진이 너무 추상적이고, 아이가 시각적 이미지와 의미를 연결시킬 수 없다.	아이가 물건과 동일한 물건 사진을 맞출 수 있다.	아이가 사진과 동일한 물건을 나타내는 아이콘 또는 장소를 연결시킬 수 있다.	글씨가 있는 다양한 환경에서 아이가 활동한다.

학습활동 3.4

시각적 일과표 활동

일과표 유형(동그라미 표시):　　　　　물건　　　사진　　　아이콘　　　　　단어/목록

시각적 일과표의 범위(동그라미 표시): 하루 종일　　　　　　　특정 일과:

시각적 일과표 시작 항목 수: _____

시각적 일과표의 위치: _____

봉투 위치:　　　일과표에 부착함　　　　　　　일과표 주변에 위치함

	그림 일과 활동	비고
1		
2		
3		
4		
5		
6		
7		
8		
9		
10		

참고: 아이가 일과표를 따르기 위해 어떤 도움을 필요로 했는지 및 어려움(아이가 일과표를 확인하기 싫어한다거나 일
　　과표를 보는 게 어렵고, 순서를 바꾼다거나 그림을 떼어 버리려는 경우)이 있었는지 기록하시오.

선행사건 관리 데이터 시트

날짜	시간	표적행동	예방 전략	얼마나 효과적이었는가

3회기 정리

아이 일과의 문제점을 다루기 위한 예방 전략

1. 요구 시간을 바꾼다.
2. 원치 않은 활동을 했을 때 보상으로 재미있는 활동을 한다.
3. 일과를 계획한다.

시각적 일과표

　자폐 스펙트럼 장애 아동 다수가 일과의 전환 및 예상치 못한 변화를 어려워한다는 것을 안다. 자폐 스펙트럼 장애 아동이 일과를 이해하도록 하거나 일과에서 예상치 못한 변화에 대응할 수 있도록 도울 수 있는 방법은 시각적 일과표를 사용하는 것이다.

　시각적 일과표는 주로 작은 아이콘이나 그림을 보드판 또는 안정적인 표면에 벨크로를 사용해 붙여서 만드는 것이다. 연속적인 단계를 달성하면서 그림이나 아이콘을 제거할 수 있다. 보드판은 들고 다닐 수 있을 정도로 가볍고 작아야 하지만 아이콘을 연속으로 놓을 수 있는 크기여야 한다. 그림 일과표는 하루에 있는 사건과 활동의 순서와 차례를 강조한다. 아이를 다음의 활동으로 넘어가도록 지시하는 데 사용될 수 있다. 그림과 부호는 환경이 더 안정적이고 예측 가능하도록 정보를 제공하며, 이는 결국 편안함, 유연성, 독립성을 증가시켜 줄 수 있다. 주로 다음과 같이 한다.

1. 일과표를 중심이 되는 장소에 놓는다.
2. 아이가 일과표를 확인하도록 격려한다.
3. 아이와 함께 일과표를 검토하면서 첫 그림을 선택한다.
4. 아이가 그 활동이 뭔지를 소리 내서 말하도록 격려한다. 더 어리거나 말을 할 수 없는 아이들의 경우에는 아이 대신에 소리 내서 읽는다.
5. 아이가 일과표에서 그림을 떼어서 지정된 장소로 가져가게 한다.
6. 그림에 있는 활동을 한다.
7. 시각적 일과표로 다시 돌아간다.
8. 아이가 완성한 활동의 그림을 넣을 수 있는 작은 박스나 봉투를 일과표 주변에 놓는다.

9. 시각적 일과표에 있는 다음 그림으로 넘어간다.

시각적 일과표는 하루 동안의 일정을 위해 만들 수도 있다. 또는 특정 시기를 위해 '미니 일과표'를 만들 수 있는데, 예를 들면 하루 중에 전환이 여러 번 있는 경우이다. 이는 다양한 형태를 가질 수 있고, 아이에 맞게 개별화할 수 있다.

4 회기 강화 1

학습활동 4.1

강화물 식별하기

A. 아이를 강화하는 물건 또는 활동 여섯 가지를 작성하시오.

1. _____
2. _____
3. _____
4. _____
5. _____
6. _____

B. 일차적 강화물

1. _____
2. _____
3. _____
4. _____
5. _____

C. 사회적 강화물

1. _____
2. _____
3. _____
4. _____
5. _____

D. 물질/시각적 강화물

1. _____
2. _____
3. _____
4. _____
5. _____

E. 활동/특권

1. _____
2. _____
3. _____
4. _____
5. _____

F. 토큰

1. _____
2. _____
3. _____
4. _____
5. _____

학습활동 4.2

강화물을 선택하는 법

1. 아이가 하는 특이한 활동 또는 좋아하는 것 중에 강화물로 사용할 수 있는 것은 무엇인가?

　---

2. 당신의 자녀 혹은 가족 중 다른 자녀를 위해서 사용할 수 있는 자연스러운 강화물은 무엇인가?

　---

3. 아이에게 자유롭게 주어진 특권 중에 행동에 유관하여 사용될 수 있는 것들에는 어떤 것이 있는가?

가장 강력한 다섯 가지 강화물은 무엇인가?

1. ---
2. ---
3. ---
4. ---
5. ---

학습활동 4.3

행동 교정을 위한 강화물 사용법

1단계: 강화할 표적행동을 선택한다.

2단계: 강화물을 받기 위해 요구되는 행동의 기대치를 합리적으로 조정한다.

3단계: 행동을 얼마나 자주 강화할지 결정한다.

4단계: 행동 직후에 강화물을 적용한다.

5단계: 강화물을 적절한 행동이 나타날 때 조건부로 사용한다.

6단계: 강화물의 가치를 유지한다.

7단계: 사회적 강화물과 활동/물질적 강화물을 함께 사용한다.

8단계: 강화물과 원하는 행동을 시각적으로 상기시켜 줄 수 있는 시각 자료의 사용을 고려한다.

학습활동 4.4

과제

행동 1 _____

강화물: _____

하루 중 언제 이 행동 강화를 연습할 수 있는가? _____

_____

연습 기회	날짜	참고

행동 2 _____

강화물: _____

하루 중 언제 이 행동 강화를 연습할 수 있는가? _____

_____

연습 기회	날짜	참고

4회기 정리

강화란 무엇인가

강화물들은 행동 발생의 가능성을 높여 주는 모든 물건, 활동, 사회적 반응(예: 음식, 음료, 장난감, 활동, 관심 및 칭찬)이다. 이러한 것들은 아이에게 바라는 행동을 증가시키거나 새 행동, 기술을 가르치는 데 사용될 수 있다. '일반적으로' 아동의 행동을 강화시키는 것들이 자폐 스펙트럼 장애 아동을 강화시키지 않을 수도 있다. 이 때문에 여러분의 자녀에게 강화물로 작용할 수 있는 것이 무엇인지를 독창적으로 고민하는 것이 필요하다.

강화물의 다섯 가지 종류

1. 일차적 강화물은 일반적으로 음식이나 음료이다.

2. 사회적 강화물에는 포옹, 하이 파이브, 칭찬, 모든 사회적 관심을 포함한다.

3. 물질/시각적 강화물은 가장 아끼는 장난감과 같이 즐길 수 있는 물건들이다.

4. **활동/특권**은 공원에 가는 것, 자전거 타는 것, 엄마와 단둘이 시간 보내는 것, TV 보는 것, 수영하는 것과 같은 즐길 수 있는 활동들이다.

5. 토큰은 그 자체로는 가치가 없는 강화물이다. 이는 사회, 활동, 물질 또는 일차적 강화물을 '구매'할 수 있는 능력을 통해 가치를 얻는다. 토큰은 포인트, 별표, 돈이 될 수도 있다. 아동은 토큰을 모아 강화물과 교환할 수 있다. 토큰은 강화물을 기다릴 수 있는 아이 혹은 토큰과 원하는 것을 교환할 수 있다는 것을 이해하는 아이들이 사용할 수 있다.

아이에게 맞는 강화물을 확인하는 법

- 아이가 무엇을 좋아하는지 물어본다.
- 선생님을 포함하여 아이를 잘 아는 사람들과 이야기한다.
- 강화물 선택권을 주고 아이가 무엇을 선택하는지 본다.
- 아이에게 자유시간이 주어졌을 때 무엇을 하는지 관찰한다.

강화물을 선택하는 법

- 모든 아동은 다르고, 각기 좋아하는 것과 싫어하는 것이 다르다.
- 가능하면 자연스러운 강화물을 사용한다. 이는 이미 아동의 집 또는 학교에 있는 것이고 '조건 없이', 즉 아동의 행동과 상관없이 제공된 것을 의미한다.
- 특권들은 적절한 행동이 나타날 때만 주어져야 한다. 많은 아동은 행동에 문제가 있지만, 수많은 특권(예: TV, 컴퓨터, 친구들과의 시간, 가장 좋아하는 장난감)에 쉽게 접근할 수 있다. 특권은 원하는 행동을 강화시키는 데 사용될 수 있다.
- 강화물은 발달단계에 따라 변할 수 있다. 강화물을 선택할 때는 여러분 자녀의 발달 수준 및 관심 분야가 빠르게 변하고 있음을 유념해야 한다.

뇌물 vs. 강화물

어떤 부모는 강화물을 사용하여 아이가 따르도록 하는 것이 뇌물을 주는 것이라고 생각한다. 강화물과 뇌물을 주는 것은 다른 개념으로 가장 큰 차이점은 강화물이 제공되는 때이다. 강화물은 행동과 강화물 간의 유관을 미리 설정하는 것이 이후에 협상을 하는 것보다 더 효과적이다. 만약 사건 이후에 협상했을 경우에는 아이가 받기 전까지는 지시를 따르지 않는 법을 배울 수도 있다.

아동의 행동을 교정하기 위한 강화물을 사용할 때 따르는 단계

1단계: 표적행동을 선택한다.

2단계: 행동 요구 정도를 적정선으로 유지한다. 이는 초기에는 요구사항을 줄이거나 짧게 하는 것이 필요할 수도 있다.

3단계: 매번 아이를 강화하는 것이 가장 좋다. 행동이 학습된 후에는 강화물을 점점 줄일 수 있다. 강화물을 '간헐적'으로나 때때로 사용했을 경우에도 새 행동이나 기술이 유지되도록 도울 수 있다.

4단계: 행동을 한 직후에 강화물들을 준다. 만약 행동과 강화물(예: 몇 초가 된다 하더라도) 간의 시간이 너무 많이 지체되면 어떤 아이들은 무슨 행동이 강화되는지 이해하지 못할 수도 있다.

5단계: 강화물을 행동에 유관하게 사용해야 한다. 이는 작은 계약서와 같은 것으로 바라던 행동을 아이가 하면 강화물을 받을 수 있도록 한다.

6단계: 반드시 강화물의 가치를 유지시킨다. 어떤 강화물들은 다른 상황에서 자유롭게 주어지기 때문에 가치를 잃게 된다.

7단계: 사회적 강화물과 물질적 강화물을 함께 준다. 칭찬은 구체적으로 하여 정확히 무엇을 강화시키는지를 아이가 알도록 한다. 이는 어떤 행동이 강화되는지를 아이가 더 잘 이해할 수 있도록 도와준다.

8단계: 행동 및 강화물의 시각적 단서를 사용한다. 이는 아이에게 목표로 하는 행동, 강화물과 그것을 얻기 위해 거쳐야 할 단계들에 대해 신호가 된다.

유관 강화(contingent reinforcement)는 여러분이 증가시키고자 하는 긍정적인 행동 직후에 강화를 제공하고, 증가를 원하지 않는 문제행동이나 부정적인 행동 후에는 강화를 제공하지 않는 것을 의미한다.

5 회기   강화 2

학습활동 5.1

지니(Ginny)는 항상 여동생과 싸운다. 어머니는 매일 저녁을 준비할 때 부엌에서 나와 지니에게 동생을 그만 괴롭히라고 야단치러 가야 하기 때문에 저녁을 준비하는 시간이 두 배로 걸린다고 했다. 지난주 어느 날 어머니가 저녁을 준비하는 동안 TV에서 지니가 가장 좋아하는 프로그램이 방영되고 있었다. 지니와 동생은 프로그램이 방영되는 30분 동안 쥐 죽은 듯 조용했다. 어머니는 아주 기뻤고, 아이들을 방해하지 않기 위하여 부엌에 남아 저녁 준비를 하였다.

학습활동 5.2

아이가 올바른 행동을 할 때 관심주기

1. '아이가 올바른 행동을 할 때 관심주기' 방법을 사용해서 목표로 하기에 유용한 행동에는 어떤 것이 있는가?

----

2. 사회적 강화물만 사용했을 때 아이가 제대로 반응할 것 같은가?

만약 아니라면, '아이가 올바른 행동을 할 때 관심주기'에 사용하기 좋은 다른 종류의 강화물에는 어떤 것들이 있는가?

학습활동 5.3

놀이 시간

여러분은 아이와 함께 놀 때 어떤 장난감을 가지고 노는가?

여러분은 얼마나 자주 아이와 놀아 줄 수 있는가?

아이가 놀고 있을 때 여러분이 함께 놀자고 하면 아이가 어떻게 반응하는가?

아이와 함께 놀 때 어떤 어려움들이 생기는가(예: 단조로운 반복놀이, 공격성)?

학습활동 5.4

놀이 기술

1) 처음 몇 분간은 아이가 혼자 노는 것을 관찰한다. 그다음에,

2) 아이의 놀이를 모방한다.
- 아이가 하는 행동에 집중한다. 가령, 아이가 나무를 그리고 있다면 나무를 그리기 시작한다.
- 이는 여러분이 아이에게 관심이 있다는 것을 보여 주고, 아이의 놀이에 동참하고 싶다는 것을 보여 주는 것이다.

3) 아이의 행동을 묘사한다.
- 아이의 놀이에 대한 실황을 얘기한다.
- 서술적으로 한다. 아이가 하는 행동 하나하나를 설명한다: "기찻길을 따라 기차를 밀어서 움직이고 있구나."
- 이는 여러분이 아이의 행동에 관심을 보이고 있고 주의를 기울이고 있다는 것을 아이가 알 수 있게 한다.
- 특정 단어들을 강조하여 학습을 장려할 수 있다(예: "빨간 자동차를 밀고 있구나.").

4) 아이가 소리 내서 표현하는 것을 따라서 한다.
- 아이가 하는 말을 따라서 하거나 다른 말로 바꾸어 표현한다.
- 모든 발성된 표현에 바로 관심을 보이면 언어 발달을 장려하게 된다.
- 다시 말해, 주기와 같은 비지시적 방법으로도 발화를 교정해 줄 수 있다.

5) 자연스럽게 발생되는 사회적 기술과 놀이 기술을 목표로 한다.
- 사회적 기술:
  - 여기에는 요청하는 것, 나눠 주는 것, 또는 차례차례 돌아가면서 노는 것이 포함된다.
  - 아이의 놀이에 사회적 상호작용을 강조하기 위해 칭찬을 사용한다.
  - 기술을 보여 주고, 상호작용적인 행동을 말해 준다(예: 여러분이 쓰고 있던 크레용을 아

이에게 줄 때 "나는 나의 크레용을 너와 나눠 쓰고 싶어."라고 한다).

- 놀이를 주도하지 않으면서 지시적이지 않은 방법으로 가르친다.

● 놀이 기술:

- 여기에는 인형을 가지고 놀거나 또는 캐릭터를 가지고 이야기를 만드는 등 상상적인 놀이가 포함된다.

- 아이의 놀이에서 무언가를 강조하기 위해서는 칭찬을 사용한다.

- 아이의 놀이를 개연적으로 확장한다(예: 아이가 자동차를 움직이면서 놀고 있을 때 "너의 자동차들이 시합을 준비하기 위해서 움직이고 있구나. 여기가 출발선이야."라고 한다).

6) 가능한 한 많이 아이를 칭찬한다!

● '긍정적 대체' 행동에 초점을 둔다. 가령, 대형 마트에 갔을 때 아이가 여러분의 곁을 떠나 도망을 다니면, 아이가 곁에 있을 때에는 항상 칭찬을 한다.

7) 놀이를 직접 가르치거나 지시하는 것은 피한다.

● 단기적인 목표는 상호작용 놀이 기술을 장려하기 위함이다.

● 상호작용 놀이 기술은 아이에게 무엇을 하라고 제시하는 게 아니다.

● 아이가 순종하지 않으면 놀이가 불편해진다.

놀다가 아이가 화를 내면 침착하게 놀이를 그만두고 나중에 다시 시도한다!

놀이 시간 계획하기

1. 구조적 놀이 시간 또는 더 자연스러운 상황에서 놀이를 시작하는 것 중에 어떤 것이 더 낫다고 느껴지는가?

----

2. 아이와 함께 놀 때 어느 정도의 시간을 보내는 것이 현실적인가?

----

3. 어디서 놀아야 하는가?

----

4. 얼마나 자주 놀아야 하는가(매일, 며칠에 한번)?

----

5. 아이와 함께 놀기에 적합한 때가 하루 중 언제인가?

6. 아이와 상호 간의 놀이를 장려하기에 적합한 활동, 장난감에는 어떤 것이 있는가?

7. 놀이에 어떤 놀이 기술과 사회적 기술을 통합할 수 있는가?

놀이 시간 과제 활동지

날짜	시간	진행 시간	활동	특정 놀이/사회적 기술 촉구	문제 또는 질문

학습활동 5.7

아이가 올바른 행동을 할 때 관심주기

활동/시간	날짜	날짜	날짜	날짜	날짜	날짜	날짜

사용할 강화물: _____

5회기 정리

아이가 올바른 행동을 할 때 관심주기

아이와의 편안한 일상이나 좀 더 격식을 갖춘 상황 동안 필요에 따라 사회적 강화물을 시각적, 물질적 강화물과 함께 사용할 수 있다. 가능한 한 항상 일상에서의 긍정적 행동을 인정해 주기 위해 사회적 강화물(하이 파이브, "참 잘했어요.", "장난감 정리를 참 잘했구나.")을 사용해야 한다. 우리는 이것을 '아이가 올바른 행동을 할 때 관심주기'라고 한다.

놀이 기술

적절한 행동을 강화(즉, 장려)하기 위한 더 형식적인 방법은 아이와 구조화된 놀이 시간을 가져 그때에 긍정적 강화 기술을 연습하는 것이다.

공동 놀이를 장려하기 위한 전략

놀이 시간의 목표는 아이의 행동 또는 놀이 방법에 대한 지시를 최소화하고 아이와 교류하는 것이다. 가능한 범위 내에서 아이가 놀이를 주도하도록 한다. 아이가 놀면서 여러분은 아이가 하는 행동을 관찰하고 칭찬한다. 또한 세심한 관심 및 사회적 강화를 제공한다. 다음은 놀이 시간에 시도해 볼 수 있는 기술들을 나열한 것이다.

1. 아이를 가까운 곳에서 관찰한다.
2. 짧은 시간 동안 관찰한 후 본 것에 대해 설명한다.
3. 아이의 놀이를 따라 한다.
4. 아이가 말하는 것을 반복하거나 말을 바꿔서 따라 한다.
5. 긍정적인 사회적 또는 놀이 기술을 사회적 강화를 사용하여 장려한다.
6. 기회가 있을 때마다 아이의 긍정적인 행동을 기회로 이용하여 칭찬한다. 그러한 긍정적인 행동에 대해 이름 붙여 말해 주는 것도 잊지 말아야 한다.

아이가 잘못했을 때는 무엇을 해야 하는가

놀이 시간 동안에 아이가 짜증을 내면 발생되는 부정적 행동에 관심을 보이지 않고 잠시 조용히 놀도록 해도 괜찮다. 만약 아이가 진정이 되지 않으면 조용히 놀이 시간을 끝낸다. 아이에게 놀이 시간이 끝났고 오늘 중 다른 때 또 같이 놀 수 있다고 알려 준다.

놀이 시간 설정하기

몇몇 부모들은 자녀가 이미 평소 좋아하는 장난감을 가지고 놀거나 활동을 하고 있을 때 활용하는 것을 원하기도 하는데, 이렇게 하는 것은 적절하다. 놀이 시간을 정해서 매일 그 특정한 시간에 놀 것이라고 아이에게 알려 주는 방법도 있다.

6회기   계획된 무시

학습활동 6.1

비디오 삽화

단계	비디오 1	비디오 2
1. 눈을 피한다; 아이를 쳐다보지 않는다.		
2. 아이를 건드리지 않는다; 필요하면 그 자리를 떠난다.		
3. '중립적인' 표정으로 대한다; 반응하지 않는다.		
4. 아이에게 말하지 않고 대답하지 않는다.		
5. 분명하게, 갑작스럽게 그리고 과장하여 '무시한다'.		

학습활동 6.2

가정에서 계획된 무시 시행하기

1. 감소시키고자 하는 행동은 무엇인가?	
2. 어떤 방식의 무시를 사용할 것인가?	
3. 어떤 일이 일어날 것이라고 예상하는가?	
4. 행동이 더 나빠지면 어떻게 할 것인가?	

학습활동 6.3

가정용 데이터 시트

무시해야 할 행동(들): --

사용할 무시 방법: --

날짜	시간	행동	일어난 일

6회기 정리

결과의 검토

결과는 행동 이후에 오는 것이다. 즐거운 결과들은 행동을 증가시킨다. 불쾌한 결과들은 행동을 감소시킨다. 때로는 부모들이 아동의 문제행동을 멈추기 위해 어떤 결과를 선택하지만, 그 선택한 것이 행동을 나아지게 하는 것 대신에 더 나빠지게 한다. 선택된 결과가 오히려 아동의 부적절한 행동을 강화시키기 때문이다.

계획된 무시

계획된 무시는 관심 끄는 행동들을 줄이기 위해 사용할 수 있는 결과이다. 계획된 무시를 제대로 사용하기 위해서는 다음과 같이 한다.

- 눈을 피한다; 아이를 쳐다보지 않는다.
- 아이를 건드리지 않는다; 필요하면 그 자리를 떠난다.
- '중립적인' 표정으로 대한다; 반응하지 않는다.
- 아이에게 말하지 않고 대답하지 않는다.
- 분명하게, 갑작스럽게 그리고 과장하여 무시한다 – 예를 들면, 뒤로 돌아서거나 팔짱을 낀다.

계획된 무시를 사용할 때 잠재적인 문제점

1. 무시된 행동들은 호전되기 전에 더 나빠질 수도 있다.
2. 일부 행동들은 항상 무시할 수는 없다.
3. 아이들은 끈질기다. 계획된 무시를 계속할 수 없다고 생각되면 즉시 '그만둔다'.
4. 계획된 무시의 효과가 나타나려면 오래 걸릴 수도 있다.

계획된 무시의 세 가지 종류

1. 아이 및 그의 행동을 무시하는 것은 아이 또는 아동의 행동에 관심을 보이지 않는 것이다(예: 성질 부리는 것).

2. 아이를 무시하되 행동을 무시하지 않는 것은 위험하거나 문제행동에 대응하기 위해 사용하는 것이다. 여기에서는 신체적 지도나 손대는 것을 통해 아이, 다른 사람, 소유물에 해가 가는 것을 방지하면서 아이를 무시하는 것이다.

3. 행동을 무시하되 아이를 무시하지 않는 것은 반복적이고 사회적으로 저해되는 행동에 대응하기 위해 사용하는 것이다. 여기에서는 아이에게 반응하되, 반복적이거나 사회적으로 저해되는 행동은 계속해서 무시하는 것이 포함된다.

7 회기 지시 따르기 훈련

지시 따르기 활동지

잘 따르는 지시 목록: 아이가 순조롭게 따르는 지시 여덟 가지를 나열하시오.

1. --

2. --

3. --

4. --

5. --

6. --

7. --

8. --

잘 따르지 않는 지시 목록: 아이가 잘 따르지 않는 지시 여덟 가지를 나열하시오.

1. --

2. --

3. --

4. --

5. --

6. --

7. --

8. --

가정에서의 지시 따르기 훈련 단계

1단계: 아이 근처에 서서 관심을 끈다.

2단계: 아이에게 (부탁하지 않고) 지시를 한다.
- 지시 사항을 분명하게 말해서 정확히 무엇을 해야 하는지 아이가 알 수 있게 한다.
- 지시 사항을 한 번만 말한다.

3단계: 동시에 아이가 지시 사항을 완수할 수 있도록 아이를 신체적으로 인도한다.
- 아이가 지시를 따르기 시작하면 신체적으로 돕는 것을 서서히 그만둔다.

4단계: 아이가 지시에 따르면, 즉시 구체적으로 칭찬한다.

시간이 지나면서 신체적으로 돕는 것을 줄이고, 점점 먼 곳에서 지시를 내리도록 한다.

학습활동 7.3

비디오 삽화

단계	비디오 1	비디오 2	비디오 3	비디오 4	비디오 5
아이의 관심을 끈다.					
아이에게 (부탁하지 않고) 지시를 한다.					
지시하면서 아이가 저항하더라도 신체적인 도움을 제공한다.					
아이가 지시에 따르면 칭찬을 한다.					

학습활동 7.4

과제용 데이터 시트

잘 따르는 지시 목록('예/아니요'에 동그라미 표시를 해서 지시에 따랐는지를 표시하시오.)

지시	날짜	날짜	날짜	날짜	날짜	날짜	날짜
1.	예/아니요	예/아니요	예/아니요	예/아니요	예/아니요	예/아니요	예/아니요
2.	예/아니요	예/아니요	예/아니요	예/아니요	예/아니요	예/아니요	예/아니요
3.	예/아니요	예/아니요	예/아니요	예/아니요	예/아니요	예/아니요	예/아니요
4.	예/아니요	예/아니요	예/아니요	예/아니요	예/아니요	예/아니요	예/아니요
5.	예/아니요	예/아니요	예/아니요	예/아니요	예/아니요	예/아니요	예/아니요
6.	예/아니요	예/아니요	예/아니요	예/아니요	예/아니요	예/아니요	예/아니요
7.	예/아니요	예/아니요	예/아니요	예/아니요	예/아니요	예/아니요	예/아니요
8.	예/아니요	예/아니요	예/아니요	예/아니요	예/아니요	예/아니요	예/아니요
9.	예/아니요	예/아니요	예/아니요	예/아니요	예/아니요	예/아니요	예/아니요
10.	예/아니요	예/아니요	예/아니요	예/아니요	예/아니요	예/아니요	예/아니요
11.	예/아니요	예/아니요	예/아니요	예/아니요	예/아니요	예/아니요	예/아니요
12.	예/아니요	예/아니요	예/아니요	예/아니요	예/아니요	예/아니요	예/아니요
13.	예/아니요	예/아니요	예/아니요	예/아니요	예/아니요	예/아니요	예/아니요

추가적으로 필요한 강화물: ....

잘 따르지 않는 지시 목록('예/아니요'에 동그라미 표시를 해서 지시에 따랐는지를 표시하시오.)

지시	날짜	날짜	날짜	날짜	날짜	날짜	날짜
1.	예/아니요	예/아니요	예/아니요	예/아니요	예/아니요	예/아니요	예/아니요
2.	예/아니요	예/아니요	예/아니요	예/아니요	예/아니요	예/아니요	예/아니요
3.	예/아니요	예/아니요	예/아니요	예/아니요	예/아니요	예/아니요	예/아니요
4.	예/아니요	예/아니요	예/아니요	예/아니요	예/아니요	예/아니요	예/아니요
5.	예/아니요	예/아니요	예/아니요	예/아니요	예/아니요	예/아니요	예/아니요
6.	예/아니요	예/아니요	예/아니요	예/아니요	예/아니요	예/아니요	예/아니요
7.	예/아니요	예/아니요	예/아니요	예/아니요	예/아니요	예/아니요	예/아니요
8.	예/아니요	예/아니요	예/아니요	예/아니요	예/아니요	예/아니요	예/아니요
9.	예/아니요	예/아니요	예/아니요	예/아니요	예/아니요	예/아니요	예/아니요
10.	예/아니요	예/아니요	예/아니요	예/아니요	예/아니요	예/아니요	예/아니요
11.	예/아니요	예/아니요	예/아니요	예/아니요	예/아니요	예/아니요	예/아니요
12.	예/아니요	예/아니요	예/아니요	예/아니요	예/아니요	예/아니요	예/아니요
13.	예/아니요	예/아니요	예/아니요	예/아니요	예/아니요	예/아니요	예/아니요

추가적으로 필요한 강화물: ---

참고: --

7회기 정리

지시 따르기에 대한 소개

아이가 부모의 요구에 따르지 않는 데는 여러 이유가 있다. 일부 아이들은 주의를 기울이는 게 어렵고, 심지어 부모의 지시를 아예 듣지 않는 경우도 종종 있다. 다른 아이들은 동기는 좋지만 하라는 일을 하기 시작하면 산만해진다. 또 어떤 아이들은 단순히 반항적이다. 지시에 따르지 않는 행동은 부모의 요청을 무시하는 것부터 "싫어, 싫어, 싫어."라고 하는 것, 그리고 떼쓰기까지 지속 시간과 심각성 정도가 다양하다. 이유가 뭐든 상관없이 지시 불이행은 아이에게 지시가 내려졌는데 따르지 않는 게 허락될 때 습관이 될 수 있다. 아이가 점점 더 순응하도록 하기 위해서는 새로운 습관을 만들어 주는 것이 포함된다. 우리는 여러분의 자녀가 여러분의 지시 사항을 듣자마자 잘 따르고 끝까지 완수하기를 원한다.

지시 따르기 훈련의 4단계

1단계: 아이 옆에 서서 관심을 끈다.

2단계: 아이에게 (부탁하지 않고) 지시를 한다.

3단계: 동시에 아이가 지시 사항을 완수할 수 있도록 아이를 신체적으로 인도한다. 신체적 인도는 아이가 지시 사항을 따를 수 있도록 부드러운 신체적 도움을 제공하는 것이다.

4단계: 아이가 따를 때, 즉시 구체적인 칭찬을 한다.

시간이 지나면서 신체적으로 돕는 것을 줄이고, 점점 먼 곳에서 지시를 내리도록 한다.

아이가 '그만하도록' 가르치기 위해 지시 따르기 훈련 사용하기

부모는 아이에게 방해하거나, 문제을 일으키거나, 위험한 행동을 하지 말라고 자주 이야기한다. 자폐 스펙트럼 장애를 가진 아동이 보이는 지시에 따르지 않는 행동은 사실 복잡하다. 왜냐하면 자폐 스펙트럼 장애를 가진 아동은 용납되지 않는 행동 대신에 부모가 기대하는 적절한 행동이 무엇인지 모를 수 있기 때문이다. 아이에게 어떤 행동을 그만하라고 말하는 자신을 스스로 발견하면 지시 따르기 훈련을 연습해 보자. 아이에게 다가가서 아동의 관심을 유도한 후, 해야 하는 것을 지시한다. 핵심은 지시를 할 때 최대한 분명하게 하고, 필요한 만큼의 도움을 제공하고, 그것을 따르면 아이를 칭찬해야 한다.

지시 따르기 훈련의 흔한 문제점

아이가 신체적인 도움을 저항하거나 폭력적으로 대응하면, 아이가 쉽고 빨리 완수할 수 있는 지시들을 먼저 연습한다. 만약 지시 따르기를 장려하기 위해 사회적 강화물만으로는 부족하다고 느끼면 사회적 강화물과 함께 물질/시각적 강화물을 추가로 사용할 수 있다.

8 회기 　기능적 의사소통 훈련

학습활동 8.1

사건 사례 1

　토미(Tommy)는 단어를 약 10개 정도 아는 다섯 살 남자아이다. 여동생이 자신의 장난감을 가져가면 바로 짜증을 내고, 동생이 장난감을 돌려줄 때까지 때린다.

토미가 때리는 것을 통해 의사소통하려는 것은 무엇인가?

토미가 때리는 것을 대신해서 고려할 수 있는 의사소통 행동은 무엇인가?

이 기술/행동을 토미에게 어떻게 가르칠 수 있는가?

사건 사례 2

　테레사(Theresa)는 극도로 말이 많은 네 살 여자아이다. 자기 관심사에 대해 얘기하고, 부모에게도 자기가 주로 원하는 것을 알려 준다. 하지만 학교에서는 놀이 영역을 떠나자고 선생님이 얘기하면 매우 짜증을 낸다. 테레사는 떼를 쓰면서 그곳을 떠나기를 거부한다.

테레사가 떼쓰기를 통해 의사소통하려는 것은 무엇인가?

테레사의 지시 불이행을 대체할 만한 의사소통 행동에는 어떤 것이 있는가?

이 기술/행동을 테레사에게 어떻게 가르칠 수 있는가?

학습활동 8.2

바뀌어야 하는 여러분 자녀의 행동

그 행동을 하는 목적 또는 기능

아동의 의사소통 능력 수준 (설명하시오.)

아동의 문제행동을 대체하기 위해 어떤 의사소통 행동을 가르칠 수 있는가(손짓, 말로 표현하는 것, 그림, 박수치는 것 또는 다른 행동, 의사소통 장치)?

시작하는 법

자연스러운 상황(들)에서 가르치는 것과 일대일로 가르치는 것을 포함한 단계를 계획한다. 또한 이 과정에서 도움이 될 만한 추가적인 지원들(즉, 시각적, 구체적인 상징들)을 설명한다.

학습활동 8.3

자료 수집

개별적으로 가르칠 기회

상황, 날짜 및 시간	가르친 횟수	성공적이었던 횟수	필요한 촉구

자연스러운 상황에 가르칠 기회(일대일 가르침 이외에)

상황, 날짜 및 시간	가르친 횟수	성공적이었던 횟수	필요한 촉구

돌아보기: 잘된 점은 무엇인가? 다음에는 무엇을 다르게 하겠는가?

8회기 정리

기능적 의사소통 훈련의 소개

기능적 의사소통 훈련은 아이가 무엇을 원하거나 필요한 것이 있어 의사소통을 할 때 지시에 따르지 않고 반항적인 행동으로 하는 것이 아니라 더 적절한 방법으로 소통하게 하기 위함이다. 예를 들면, 신호, 그림 또는 단순히 '말로 하는 것'이 있다. 이 새로운 방법의 의사소통은 문제행동과 동일한 목적을 더 '기능적'인 방법으로 달성하도록 해 주는 것이다.

하지만 문제행동을 대신하기 위해 아이에게 새로운 대안이 되는 의사소통 행동을 가르치기 전에 항상 부적절한 행동의 기능이 무엇인지를 생각해 보아야 한다. 기능적 의사소통 훈련은 문제행동의 동기가 무엇인지 아는 것에 따라 성공이 달려 있다.

다음은 문제행동을 더 적절한 또는 기능적인 의사소통 방법으로 바꾸려고 할 때 고려해야 할 사항들이다.

1. 대체 의사소통 행동은 아이에게 바로 효과가 있어야 한다. 여러분이 "쿠키를 먹고 싶으면 말로 표현하세요."라고 한다면, 아이가 달라고 했을 때 쿠키를 줘야 한다.
2. 대체 의사소통 행동은 아이에게 매번 적용해야 한다. 이는 그 아이와 정기적으로 소통하는 다른 어른들까지도 적용해야 한다.
3. 대체 의사소통 행동은 문제행동보다 노력이 덜 들어가는 것이어야 한다. 성질을 부리는 것은 아이에게 많은 시간과 에너지를 소비하게 한다. 아이가 동일한 요구가 충족되기 위해 부모에게 그림을 준다거나 또는 짧은 구절을 사용하는 방법을 배운다면 기능적 의사소통 행동은 더 적은 노력이 필요하게 된다.

이러한 대체 행동은 매일의 상황에서 정기적으로 사용할 수 있기 전에 오랜 시간 연습을 해야 할 수도 있다. 아동의 성공을 장려하기 위해서 기능적 행동들은 아동의 발달 수준에 맞추도록 해야 한다.

9 회기 기술 가르치기 1

학습활동 9.1

1. 내가 아이에게 가르칠 수 있는 문제행동에 도움이 될 만한 구체적인 기술에는 무엇이 있는가?

----

2. 아이가 나에게 의존하지 않고 더 독립적이 되도록 만들 수 있는 기술은 무엇인가?

----

3. 기술의 거의 모든 단계를 할 수 있는데도, 아이가 하지 않거나 거부하거나 하기 어려워하는 기술은 무엇인가?

----

4. 내 아이가 배우고 싶어 하는 것은 무엇인가?

기술 과제 분석하기

1. 가르치고자 하는 기술이 무엇인가? ---

2. 학습활동 9.3a를 사용하여 쉽게 배울 수 있도록 기술을 단계들로 나누시오.

3. 학습활동 9.3a에 여러분이 자녀에게 가르쳐야 할 단계들에 별표하시오.

4. 어느 단계부터 시작할 것인가? ----------------------------   그 단계에 동그라미 표시하시오.

5. 사용할 연쇄(방향)에 동그라미 표시하시오: 역향   전향
                                                    (Backward)   (Forward)

6. 아이가 시도했을 때 보상으로 어떤 강화물을 주고 싶은가?

     ----

7. 이 기술을 연습할 수 있는 자연스러운 시간들은 언제인가?

     ----

8. 이 기술을 연습할 수 있는 구조화된 시간들은 언제인가?

학습활동 9.3a

과제

가르칠 기술: --

기술에 있는 각 단계를 나열한다. 각 연습한 날짜에 다음을 기록한다:

+ = 혼자서 완수함   InP = 진행 중, 연습했지만 도움이 필요함

NI = 아직 소개하지 않음

기술 단계	날짜	날짜	날짜	날짜	날짜	날짜	날짜
1.							
2.							
3.							
4.							
5.							
6.							
7.							
8.							

과제 예시

가르칠 기술: 양치질하기

기술에 있는 각 단계를 나열한다. 연습한 각 날짜에 다음을 기록한다:

\+ = 혼자서 완수함   InP = 진행 중, 연습했지만 도움이 필요함

NI = 아직 소개하지 않음

기술 단계	날짜 3/4	날짜 3/5	날짜 3/6	날짜 3/7	날짜 3/8	날짜 3/9	날짜 3/10
1. 치약 뚜껑을 돌려서 연다.	+	+	+	+	+	+	+
2. 치약을 칫솔에 묻힌다.	+	+	+	+	+	+	+
3. 칫솔에 물을 묻힌다.	InP	+	+	+	+	+	+
4. 왼쪽 아래를 닦는다.	NI	InP	+	+	+	+	+
5. 오른쪽 아래를 닦는다.	NI	NI	InP	InP	InP	+	+
6. 오른쪽 위를 닦는다.	NI	NI	NI	NI	NI	InP	+
7. 왼쪽 위를 닦는다.	NI	NI	NI	NI	NI	NI	InP
8. 입을 헹군다.	NI	NI	NI	NI	NI	NI	NI

9회기 정리

자폐 스펙트럼 장애 아동들은 새 기술을 배울 때 부가적인 도움이 필요하다. 체계적인 교육 계획이 필요할 수도 있다. 다음은 가르칠 새 기술 또는 행동을 선택하는 데 도움이 될 수 있는 고려사항이다.

1. 내 아이의 문제행동을 줄이기 위해 어떤 기술을 가르칠 수 있는가(예: 옷 갈아입을 때 혼자서 하도록 하는 것이 옷 갈아입는 일의 힘겨움을 줄일 수도 있다)?
2. 내 아이가 내게 덜 의존하며, 더 독립적으로 될 수 있도록 도와줄 수 있는 기술은 무엇인가?
3. 내 아이가 할 수 있으면서 아예 안 하거나 하기를 거부하거나 하기 어려워하는 기술은 무엇인가?
4. 아이가 배우고자 하는 것은 무엇인가?

새로운 기술 가르치기를 위한 단계

1. 더 기초적인 단계로 분할하는 기술의 과제 분석을 실시한다. 대부분의 기술은 더 적은 단계로 분할할 수 있는 것들이다. 이는 기술의 과제 분석이라 일컫는다. 기술을 가르치기 전에 그것을 익히도록 포함된 단계들을 주의 깊게 과제 분석하는 것은 매우 중요하다.
2. 아이가 이미 독립적으로 할 수 있는 단계와 분명하게 가르쳐야 할 단계가 무엇인지 결정한다.
3. 기술을 가르칠 시작 단계를 정하고, 어떤 방향의 '연쇄'를 사용할지 고른다(역향 연쇄 또는 전향 연쇄). 기술을 단계별로 가르치는 것을 '연쇄'라고 한다. 이 접근법은 아이가 한 단계씩 배우는 데만 초점을 두게 한다. 연쇄를 사용할 때는 아이가 과제 분석에 있는 모든 단계를 완수할 때까지 이 같은 방법으로 단계를 한 단계씩 계속 추가한다. 그다음에 고려할 사항은 단계를 가르치는 순서이다. 전향 연쇄는 과제 분석에 있는 맨 첫 단계부터 시작해서 가르치는 것이고, 역향 연쇄는 과제 분석에 있는 맨 마지막 단계부터 시작해서 단계들을 거슬러 올라가는 것이다.
4. 연쇄의 한 특정 단계를 가르치는 것부터 시작한다. 아이가 과제 분석에 있는 특정 단계를 익혔다면 다음 단계로 넘어간다.

5. 아이가 아직 익히지 않은 과제의 다른 모든 단계를 완수한다.

6. 여러분이 가르치고 있는 새 단계를 완수하면 강화물을 준다. 아이가 독립적으로 해야 하는 단계 수를 증가시키면서 아이가 각 단계를 완수할 때마다 칭찬은 하되, 큰 강화물은 그 단계들을 다 완수할 때까지 기다렸다가 준다.

10 회기 기술 가르치기 2

학습활동 10.1a

1. 가르치고자 하는 기술은 무엇인가? _____

2. 학습활동 10.1b에 기술의 각 단계를 나열하시오.

3. 학습활동 10.1b에 여러분이 아이에게 가르쳐야 할 단계들에 별표하시오.

4. 어느 단계부터 시작할 것인가? _____ 그 단계에 동그라미 표시하시오.

5. 사용할 연쇄(방향)에 동그라미 표시하시오.   역향   전향
                                        (Backward) (Forward)

6. 아이가 시도했을 때 보상으로 어떤 강화물을 주고 싶은가?

_____

_____

7. 각 단계마다 어떤 종류의 촉구를 사용할 것인가?

_____

_____

8. 이 기술을 연습할 수 있는 자연스러운 시간들은 언제인가?

_____

_____

9. 이 기술을 연습할 수 있는 구조화된 시간들은 언제인가?

_____

_____

학습활동 10.1b

반응 촉구 과제

각 연습한 날짜에 다음을 기록한다:

기술 숙달: + = 혼자서 완수함   InP = 진행 중, 연습했지만 도움이 필요함

NI = 아직 소개하지 않음

사용된 촉구: Mo = 모델링   Vis = 시각 촉구   Ver = 언어 촉구

Ges = 몸짓을 활용한 촉구   Phy = 신체 촉구   PP = 부분적 신체 촉구

단계	촉구법	날짜	날짜	날짜	날짜	날짜	날짜	날짜
1.								
2.								
3.								
4.								
5.								
6.								
7.								
8.								
9.								
10.								

기술을 가르칠 때 문제점 또는 참고사항:

학습활동 10.2a

자극 촉구 과제

1. 가르치고자 하는 기술은 무엇인가? _____

2. 이 기술을 가르치기 위해 '점진적 소거'를 사용할 것인가? _____

3. 어떤 자극 촉구부터 시작할 것인가? _____

4. 자극 촉구는 시간이 지남에 따라 어떻게 변할 것인가? _____

5. 아이가 시도했을 때 보상으로 어떤 강화물을 주고 싶은가?

   _____

   _____

6. 각 단계마다 어떤 종류의 촉구를 사용할 것인가?

   _____

   _____

7. 이 기술을 연습할 수 있는 자연스러운 시간들은 언제인가?

   _____

   _____

8. 이 기술을 연습할 수 있는 구조화된 시간들은 언제인가?

   _____

   _____

학습활동 10.2b

자극 촉구 과제 예시

각 연습한 날짜에 다음을 기록한다:

기술 숙달: + = 혼자서 완수함   InP = 진행 중, 연습했지만 도움이 필요함

NI = 아직 소개하지 않음

사용된 촉구: Mo = 모델링   Vis = 시각 촉구   Ver = 언어 촉구

Ges = 몸짓을 활용한 촉구   Phy = 신체 촉구   PP = 부분적 신체 촉구

단계	촉구법	날짜 3/6	날짜 3/7	날짜 3/8	날짜 3/9	날짜 3/10	날짜 3/11	날짜 3/12
1. 빨간 블록 3개, 녹색 블록 3개를 분류한다.	Phy, Ver	InP	+	+	+	+	+	+
2. 빨간 블록 5개, 녹색 블록 5개를 분류한다.	Phy, Ver		InP	InP	+	+	+	+
3. 빨간 블록 5개, 녹색 블록 5개, 노란 블록 1개를 분류한다.	Phy, Ver				InP	+	+	+
4. 빨간 블록 5개, 녹색 블록 5개, 노란 블록 3개를 분류한다.	Phy, Ver					InP	+	+
5. 빨간 블록 5개, 녹색 블록 5개, 노란 블록 5개를 분류한다.	Phy, Ver						InP	+
6.								
7.								
8.								
9.								
10.								

학습활동 10.2c

자극 촉구 과제

각 연습한 날짜에 다음을 기록한다:

기술 숙달: + = 혼자서 완수함 InP =진행 중, 연습했지만 도움이 필요함

NI =아직 소개하지 않음

사용된 촉구: Mo = 모델링 Vis = 시각 촉구 Ver = 언어 촉구

Ges = 몸짓을 활용한 촉구 Phy = 신체 촉구 PP = 부분적 신체 촉구

단계	촉구법	날짜	날짜	날짜	날짜	날짜	날짜	날짜
1.								
2.								
3.								
4.								
5.								
6.								
7.								
8.								
9.								
10.								

기술을 가르칠 때 문제점 또는 참고사항:

학습활동 10.3a

시간 지연 과제

1. 가르치고자 하는 기술은 무엇인가? ---

2. 이 기술을 가르칠 때 시간 지연은 어떻게 사용할 것인가?

   ----

3. 시간 지연은 무엇으로 측정(예: 머릿속으로 센다, 모래시계)할 것인가?

   ----

4. 시간이 지남에 따라 자극 촉구는 어떻게 변할 것인가?

   ----

5. 각 단계마다 어떤 촉구를 사용할 것인가?

   ----

6. 이 기술을 연습할 수 있는 자연스러운 시간들은 언제인가?

   ----

7. 이 기술을 연습할 수 있는 구조화된 시간들은 언제인가?

학습활동 10.3b

시간 지연 과제 예

각 연습한 날짜에 다음을 기록한다:

기술 숙달: + = 혼자서 완수함   InP = 진행 중, 연습했지만 도움이 필요함

단계	날짜 3/4	날짜 3/5	날짜 3/6	날짜 3/7	날짜 3/8	날짜 3/9	날짜 3/10	날짜 3/11
1. 빨간색의 이름을 댄다.	InP	+	+	+	+	+	+	+
2. 파란색의 이름을 댄다.		InP	InP	InP	+	+	+	+
3. 보라색의 이름을 댄다.					InP	+	+	+
4. 녹색의 이름을 댄다.						InP	InP	+
5.								
6.								
7.								
8.								

기술을 가르칠 때 문제점 또는 참고사항:

시간 지연 과제

각 연습한 날짜에 다음을 기록한다:

기술 숙달:　　+ = 혼자서 완수함　　　　InP = 진행 중, 연습했지만 도움이 필요함

단계	날짜	날짜	날짜	날짜	날짜	날짜	날짜	날짜
1.								
2.								
3.								
4.								
5.								
6.								
7.								
8.								

기술을 가르칠 때 문제점 또는 참고사항:

10회기 정리

촉구 소개

새로운 기술을 학습할 때 우리 모두 도움이 필요하다. 아이들이 새로운 기술 및 행동 패턴을 배우도록 도울 수 있는 많은 방법이 있다. 촉구는 여러분이 설명하면서 동시에 아이가 새로운 기술을 배우고 받아들이는 것을 도울 수 있는 한 방법이다.

촉구의 종류

아이에게 새로운 기술을 가르치기 위해 사용할 수 있는 촉구의 종류는 다음과 같다.

1. 모델링은 아이가 했으면 하는 행동을 여러분이 보여 줘서 아이가 그 행동을 관찰하고 모방하는 것을 통해 기술을 익히도록 하는 것이다.

2. 언어 촉구는 여러분이 아이에게 그가 해야 할 것을 이야기하여 상기시켜 주는 것이다. 상기시켜 주는 것은 아이가 새 기술을 받아들일 수 있게 도와주는 힌트이다. 또 다른 종류의 언어 촉구는 특정 단어를 일부러 강조하는 것으로 "나에게 빨간 자동차를 건네 줘."라고 하는 것이다.

3. 시각 촉구는 자녀가 했으면 하는 행동에 관해서 여러분이 보여 주는 것들이다. 우리가 가장 흔히 사용하는 시각 촉구는 제스처이다. 시각 촉구의 종류 중에 우리가 이미 다룬 것에는 시각적 일과표, 그림 촉구 및 타이머가 있다. 타이머는 활동이 끝나가거나 또는 전환이 일어나야 할 때를 알리는 시각적 신호가 될 수 있다.

4. 신체 촉구는 아이가 과제를 할 수 있도록 여러분의 손이나 몸으로 신체적 도움을 제공하는 것이다. 신체적 도움의 정도는 얼마만큼의 도움이 필요한지에 따라 달려 있다. 예를 들면, 여러분이 가르치고자 하는 기술이 전혀 익숙하지 않아서 그것을 수행하기 위한 동작에 도움이 많이 필요하면 완전한 신체 촉구가 필요하다. 부분적 신체 촉구는, 예를 들면 손을 어깨 위에 올리는 것으로 아이에게 과제가 조금은 익숙할 때 사용하는 것이다.

자극 촉구 및 자극 점진적 소거

여태까지는 '반응 촉구'에 초점을 두었다. 이는 다른 사람이 제공하는 촉구로, 아이에게서 특정 반응을 이끌어 내기 위해 만들어진 것이다. 어떤 때는 '자극 촉구'를 사용해야 하는데, 이는 아이에게서 원하는 반응을 이끌어 내기 위해 물건 또는 자극을 사용하는 것이다.

시간 지연 절차

또 한 가지 유용한 촉구 기술은 시간 지연 절차이다. 이 접근법에서는 어느 정도의 시간이 지난 후에 아이가 제대로 된 반응을 보이지 않았을 때 촉구가 주어지는 것이다.

요약

기술을 가르칠 때는 성공적인 반응을 장려할 수 있는 촉구만 사용한다. 새 기술을 소개할 때 여러 종류의 촉구를 사용한다. 그다음 시간이 지나면서 아이가 기술을 익히면 촉구를 점점 줄여 간다.

11 회기 일반화 및 유지

학습활동 11.1

진행 사항

1. 아동의 문제행동에서 구체적으로 개선된 것이 무엇인가?

---

2. 아동은 어떤 새로운 기술을 배웠는가?

---

3. 이러한 변화가 일상과 가족의 생활에 어떤 개선을 가져왔는가?

유지하기

1. 어떤 행동(들)이 유지되길 원하는가?

---

2. 이 행동의 현실적이고 용인되는 수준은 무엇인가?

---

3. 이 행동이 용인되는 수준에 이르렀다고 느껴지는가?

일반화하기

1. 아이가 익힌 새로운 행동들 중 모든 상황(예: 학교, 집, 레스토랑, 슈퍼마켓)에 걸쳐 할 수 있는 것들은 무엇인가?

----

2. 아이가 모든 상황에 걸쳐 할 수 있도록 여전히 배워야 하는 새 행동들이 있는가?

----

3. 다양한 조건에서 아이가 새로 배운 행동들은 무엇인가?

----

4. 새로 배운 행동들 중에 다양한 조건에 걸쳐 할 수 있도록 배우는 데 도움이 필요한 행동들이 있는가?

학습활동 11.2

유지 팁

1. 지속적 강화는 행동을 유지시키기 위해 중요하다. 가끔은 새 행동들이 더 이상 강화되지 않으면 지속되지 않는다.

2. 지연된(특정 기간 후) 또는 간헐적(어떤 때만 주는 것) 강화 계획을 사용하면 강화 수준을 보다 현실적인 수준으로 낮출 수 있다.

일반화 팁

1. 새 기술이 여러 다른 상황에 걸쳐 강화되면 일반화될 가능성이 더 크다.

2. 다른 상황에서 자연스럽게 발생하는 강화를 사용하는 것이 좋다.

3. 기술을 학습했을 때의 상황과 너무 다른 상황이라면 새 기술은 새 상황에서 일반화되지 않을 수도 있다.

4. 문제행동이 집 밖의 상황에서 강화되지 않도록 해야 한다.

110

학습활동 11.3a

비디오 삽화

비디오 1 — 블록 분류

이 기술이 유지되고 일반화될 수 있도록 장려하기 위해 어떤 아이디어를 제안할 수 있는가?

유지를 위한 제안:

1. ---

2. ---

일반화를 위한 제안:

1. ---

2. ---

비디오 2 — 도움말 카드

이 기술이 유지되고 일반화될 수 있도록 장려하기 위해 어떤 아이디어를 제안할 수 있는가?

유지를 위한 제안:

1. ---

2. ---

일반화를 위한 제안:

1. ---

2. ---

학습활동 11.3b

서술형 삽화

사례 1

티머시(Timothy)는 집에서 화장실을 착실히 잘 가는데, 그 이유는 자신이 좋아하는 비디오를 몇 분 시청하게 해 주는 것을 통해 강화되었기 때문이다. 다른 장소에서도 화장실을 사용할 수 있도록 우리가 밟아야 할 단계는 무엇인가?

유지를 위한 제안:

1. --

2. --

일반화를 위한 제안:

1. --

2. --

사례 2

　어른을 향한 토비(Toby)의 공격행동은 하루에 15번에서 공격행동을 보이지 않는 날에서 며칠 동안 한 차례도 공격행동을 보이지 않는 것으로 감소했다. 토비는 '손으로 때리지 않는 것'에 대해서 5분에 한 번씩 보상을 받는다. 또한 어떤 과제를 하다가 어려움에 부딪혔을 때 도움을 청하는 법을 배웠다. 아동의 공격행동은 최소한으로 유지시키고 언어 능력을 사용하여 "도와줄 거야?" 하고 요청하는 것을 반드시 할 수 있도록 하기 위해 이 다음에 여러분이 밟아야 할 단계는 무엇인가?

유지를 위한 제안:

1. ---
2. ---

일반화를 위한 제안:

1. ---
2. ---

학습활동 11.4

과제

유지

대상 표적(들):

1. 적절한 수준에 있는 행동들의 경우, 현재 어떻게 보상하고 있는가?

----

2. 시간이 지나면서 이 강화 시스템을 어떻게 유지시킬 수 있는가?

일반화

대상 행동(들):

1. 이 기술 또는 행동이 다른 장소에서도 일반화되려면 어떻게 해야 하는가?

----

2. 이 행동이 다른 상황에서는 어떻게 강화될 수 있는가?

11회기 정리

유지의 개념

새로운 긍정적인 행동들이 자리 잡아 가기 시작하면서 그것들이 미래에도 어떻게 지속될수 있는지 생각해 보아야 한다. 우리는 이것을 '유지'라고 부른다. 우리 모두는 새로 학습한 긍정적 행동들이 오래가길 원한다.

일반화의 개념

우리는 또한 다양한 환경 및 다양한 사람 등 상황이 변하거나, 다른 경우에도 긍정적 행동들의 발생 가능성이 증가하기를 원한다. 이것을 '일반화'라고 부른다. 훈련받을 환경 외에 아동의 긍정적인 행동이 성공적으로 전환되었음을 의미하는 것이다.

기술 유지 장려를 위한 팁

1. 긍정적인 행동을 유지시키기 위해서는 지속적 강화가 중요하다.
2. 새 행동 자체로 의미가 있을 수 있도록 시간이 지남에 따라 새 행동의 강화를 점점 감소시킨다. 예를 들면, 행동을 매번 강화하는 것을 3번 또는 5번에 한 번으로 바꿀 수 있는데, 이는 간헐적 강화의 예이다. 부모는 또한 지연된 강화를 사용할 수 있는데, 이는 강화를 즉시하지 않고 점점 시간을 늘려 가면서 주는 것이다.

일반화 장려를 위한 팁

1. 새 기술들은 다른 상황에서도 강화될 경우 일반화될 가능성이 크다.
2. 다른 상황에도 자연스럽게 일어나는 강화를 사용한다. 예를 들어, 집에서는 아이가 가장 좋아하는 DVD를 시청하게 하고, 자동차에서는 가장 좋아하는 CD를 듣게 해 준다.
3. 새로운 상황들이 원래 상황과 너무 다르면 새 훈련 없이는 새 기술이 일반화되지 않을 수도 있다.
4. 집 밖의 상황에서 문제행동이 강화되지 않도록 한다.

보충 회기

보충 회기 1 ▶ 토큰 시스템

학습활동 1.1

아이에게 적합한 토큰 시스템은 무엇인가

□ **활동/일과**

설명: --

□ **일별**

설명: --

□ **주별**

설명: --

⬇

토큰 시스템의 표적

⬇

과제/행동
1. --
2. --
3. --
4. --
5. --
6. --
7. --
8. --

학습활동 1.2

강화물 메뉴 예

학습활동 1.3

강화물 메뉴

보상

항목/활동

토큰 보드의 예

				보상

학습활동 1.5

활동 및 일과를 위한 토큰 시스템의 예

활동: 놀이 시간

　알렉스(Alex)는 구사할 수 있는 놀이 기술이 제한적이고, 자주 소리를 지르며, 놀이를 하는 도중에 장난감을 부수기도 한다. 어머니는 알렉스에게 토큰을 활용해서 적절한 놀이 기술을 가르치고자 한다. 어머니는 이러한 문제를 개선하기 위해 구체적인 표적행동을 다음과 같이 나열했다.

놀이 시간 행동
- 알렉스는 (소리 지르거나 남의 장난감을 빼앗지 않고) 자신의 장난감을 공유한다.
- 알렉스는 남들과 번갈아 가며 장난감을 가지고 논다(가령, 어머니에게 자기 장난감을 쓰게 한다).
- 알렉스는 놀이를 할 때 장난감을 올바르게 다룬다(장난감을 자주 던지거나 부수기 때문이다).
- 알렉스는 말할 때 목소리를 낮춘다(즉, '속으로' 말한다).

일과: 아침 일과

　애니(Annie)는 아침 일과를 어려워하고 오랜 시간이 걸려서야 과제를 마친다. 애니의 일과는 다음과 같이 완수해야 할 8단계를 포함한다.

아침 일과 과제
- 얼굴 씻기
- 이 닦기
- 잠옷 벗기
- 속옷 입기
- 바지 입기
- 상의 입기
- 양말 신기
- 신발 신기

일일 토큰 시스템

리암(Liam)은 하루 동안의 일과를 완수할 것을 요구받으면 문제행동을 저지른다. 아버지는 리암이 일일 과제를 마치라는 요구에 따르면 특정 수의 토큰을 주고, 하루가 끝나기 전에 큰 보상을 받을 수 있다고 일러 줌으로써 아이를 지도하고자 한다.

하루 일과
- 이 닦기
- 손 씻기
- 스스로 옷 입기
- 식탁에서 밥 먹기
- 방과 후 가방 걸어 놓기
- 스스로 외투 입기

주간 토큰 시스템

브라이언(Brian)은 매일 밤 자기 방을 떠나 부모의 침대에 들어간다. 부모는 아이가 자기 침대에서 취침하기를 원한다. 어머니는 아이에게 매일 밤 자기 침대에서 취침하면 특정 수의 토큰을 주고, 매주가 끝나기 전에 큰 보상을 받을 수 있다고 일러 줌으로써 아이를 지도하고자 한다.

행동: 하룻밤 내내 자기 침대에서 취침하기

학습활동 1.6

벌금 사용

5	5	5
5	5	5

학습활동 1.7

토큰 추적 양식

날짜	받은 토큰의 수	보상을 받았는가? 예/아니요	참고

보충 회기 1 정리

토큰 시스템 소개

토큰은 그 자체로는 가치가 없는 강화물이다. 토큰은 사회적 강화물, 활동 강화물, 물리적 강화물 및 일차적 강화물을 '구입'할 수 있도록 하기 때문에 강화물로서 가치가 있다. 토큰은 포인트나 별점, 또는 돈이 될 수도 있다. 아동은 특정 강화물에 대응하는 토큰을 얻어서 교환할 수 있을 때까지 토큰을 적립할 수 있다. 토큰은 자신이 원하는 강화물을 기다릴 수 있으며, 토큰과 토큰으로 교환 가능한 항목의 연관성을 이해할 수 있는 높은 연령의 아동이 주로 사용한다. 비교적 연령이 낮은 아동도 토큰을 자주 교환할 수 있도록 보다 단순화된 토큰 시스템을 사용할 수도 있다. 토큰 경제를 이용하는 주된 목적은 보다 크고 다양한 강화물을 사용하기 위함이다.

토큰 시스템 시행 절차

1. 토큰 시스템의 형식을 선택한다.

토큰 시스템은 일과 및 활동 중에서 적합한 행동, 과제 지시 따르기, 기술 발달을 강화하기 위해 사용될 수 있다.

2. 토큰을 부여할 특정 행동 또는 과제를 결정한다.

3. 해당 강화물을 선택한다.

며칠 동안 토큰을 적립해야 구입할 수 있는 비교적 큰 강화물(예: 패스트푸드점에서 식사)은 물론이고, 매일 토큰으로 구입할 수 있는 비교적 작은 강화물(예: TV 시간, 특별한 간식, 아이가 좋아하는 장난감 등과 같은 특혜)을 정해 두는 것이 중요하다.

4. 토큰 보드의 유형을 결정한다.

어떤 가정은 포커 칩이나 동전을 토큰으로 사용한다. 어떤 아동은 종이에 점수를 적어 경과를 추적할 수도 있고, 혹은 경과를 시각적으로 확인할 수 있는 방법을 개발할 수도 있다. 아동이 토큰을 위조하지 않도록 하는 것이 중요하다.

토큰 훈련

1단계: 아동이 토큰 보드를 채우면 보상을 받을 수 있음을 지도한다.

2단계: 아동이 어떤 행동을 하면 토큰을 받을 수 있는지를 지도한다.

3단계: 아동에게 토큰의 가치를 지도한다. 아동이 표적행동을 할 때마다, 즉시 "네가 어떤 행동을 했구나. 토큰을 벌었네!"라고 말한다. 아동에게 토큰을 건네주고 즉시 토큰을 토큰 보드 위에 붙이도록 한다.

4단계: 아동이 더 큰 보상을 얻을 수 있음을 지도한다. 아이가 수차례 적합한 행동을 수행하여 토큰 보드를 채우면, 1단계에서 선택한 보상을 즉시 수여해야 한다.

5단계: 비교적 작은 강화물을 제거한다. 토큰과 교환할 수 있는 비교적 작은 강화물을 선택한 경우, 궁극적으로 그 작은 강화물은 차츰 제거해야 한다.

6단계: 토큰 보드를 정리하고 처음부터 다시 시작한다.

7단계: 훈련하고, 훈련하고, 훈련한다.

토큰 시스템 사용에 관한 추가 제안

1. 토큰은 즉각 제공한다.

2. 토큰을 사회적 강화와 연계한다.
   아동에게 토큰을 주면서 칭찬을 많이 하고 함께 즐거워해 준다.

3. 토큰의 교환 시기를 결정한다.
   매일 특정 시간, 또는 매주 특정 일을 정하여 토큰을 교환한다. 주간 토큰 시스템을 사용하는 경우, 매주 끝날 때 혹은 아동이 정해진 수의 토큰을 모두 얻으면 교환이 이루어질 수 있다.

4. 시간의 흐름에 따라 항목의 '가격을 높인다'.
   처음에는 아동이 토큰 프로그램을 '납득'할 수 있도록, 아동이 비교적 쉽게 토큰을 얻어 낼 수 있는 토큰 시스템부터 실시해야 한다. 궁극적으로는 '가격을 높이'거나, 토큰 한 개당 요구되는 과제나 행동의 개수를 늘린다.

5. 강화물을 제한한다.

아동이 자신이 번 토큰으로 강화물을 구입하지 않는 한, 강화물 메뉴에서 아동이 얻을 수 있는 항목을 제한한다.

6. 참신함을 유지하기 위해 강화물을 자주 변경한다.

강화물 메뉴에 있는 항목을 정기적으로 추가하거나 삭제함으로써 아동이 지속적으로 강화물 메뉴에 흥미를 가지고 동기를 부여받도록 한다.

점진적 소거를 통한 토큰 시스템 제거

아동이 하루 일과 동안 표적행동을 규칙적으로 수행하게 되면 '명예 시스템'을 도입한다. 즉, 아동이 눈에 띄는 문제행동을 하지 않는 한, 아동은 강화물을 얻기 위해 토큰을 벌지 않아도 되는 특권을 갖는다.

보충 회기 2 ▶ 섭식 문제

예방 전략 카테고리의 예

1. 편식

아이가 현재 어떤 음식을 섭취하는가?

아이를 위한 음식을 준비할 때 반드시 해야 하는 특별한 조리법이 있는가?

아이가 선호하는 식감이 있는가?

아이가 선호하지 않는 음식을 줄 때 아이가 어떻게 반응하는가?

2. 식사 시간

아이가 보통 어디에 앉아서 식사하는가?

아이가 보통 하루 중 언제 식사와 간식을 먹는가?

아이가 얼마나 오래 앉아서 식사할 수 있는가?

아이가 한번 식탁을 떠나면 음식을 더 먹기 위해 식탁으로 돌아오는가?

아이가 식탁을 떠나면 무엇을 하는가?

아이에게 식탁에 앉아 식사할 것을 요구하면 어떤 일이 발생하는가?

아이가 식사 시간 사이에 간식을 먹는가?

아이가 어떤 종류의 간식을 먹는가?

아이가 얼마나 자주 간식을 먹는가? (아이가 밥을 먹는 대신 간식으로 배를 채우는가?)

아이가 식당이나 타인의 집에서 음식을 먹을 수 있는가?

3. 너무 빠른 식사 속도

아이가 식사를 마칠 때까지 얼마나 걸리는가?

아이가 다음 한 입을 먹기 전에 음식을 삼키는가?

아이가 입 안에 음식을 담아 두는가?

음식을 뱉거나 캑캑거리는 문제가 발생하는가?

아이가 지나치게 빨리 먹는 경우, 천천히 먹을 것을 요구하면 어떤 일이 발생하는가?

4. 과식

아이가 지나치게 많이 먹는 특정 음식이 있는가?

아이에게 그런 음식을 덜 먹을 것을 요구하면 어떤 일이 발생하는가?

5. 과거에 이런 문제를 마주했을 때 어떻게 그 문제를 해결했는가(그 해결책이 효과적이었는가)?

편식:

식사 시간:

너무 빠른 식사 속도:

과식:

학습활동 2.2

편식 문제에 대응하기

1. 강화물로 사용할 음식: --

2. 음식이 아닌 강화물: --

3. 새로 도입할 음식: --

4. 편식 문제에 대응하기 위한 과제 분석:

    ☐ 빈 숟가락 만지기

    ☐ 새 음식이 담긴 숟가락 만지기(적은 양인 경우 음식이 담긴 그릇 만지기)

    ☐ 새 음식이 담긴 숟가락을 입에 갖다 대기(혹은 손가락 사용)

    ☐ 음식을 입술에 갖다 대기

    ☐ 음식 핥기

    ☐ 작은 한 입 크기의 음식을 섭취

    ☐ 중간 한 입 크기의 음식을 섭취

    ☐ 한 입 크기의 음식을 통째로 섭취

    ☐ 한 입 크기의 음식을 두 번 섭취

    ☐ 한 입 크기의 음식을 세 번 섭취

과제 데이터 시트

날짜	과제 분석 단계	식사 시간	강화물	시도 수	결과: 성공 또는 도전과제

학습활동 2.3

아이가 식탁에 앉아 식사하도록 지도하기

타이머 사용	음식 사용
1. 아이가 1분 동안 앉아 있어야 한다. 보상을 준다(예: 5분 휴식, 작은 간식). 식탁으로 돌아온다. (식사가 끝날 때까지 반복)	1. 아이에게 한 입 크기의 음식을 주고, 이를 먹은 후 식탁을 떠날 수 있도록 한다. 5분 휴식 후 아이가 식탁으로 돌아오게 한다. (식사가 끝날 때까지 반복)
2. 아이가 2분 동안 앉아 있어야 한다. 보상을 준다(예: 4분 휴식, 작은 간식). 식탁으로 돌아온다. (식사가 끝날 때까지 반복)	2. 아이에게 한 입 크기의 음식을 두 번 주고, 이를 먹은 후 식탁을 떠날 수 있도록 한다. 4분 휴식 후 아이가 식탁으로 돌아오게 한다. (식사가 끝날 때까지 반복)
3. 아이가 4분 동안 앉아 있어야 한다. 보상을 준다(예: 3분 휴식, 작은 간식). 식탁으로 돌아온다. (식사가 끝날 때까지 반복)	3. 아이에게 한 입 크기의 음식을 다섯 번 주고, 이를 먹은 후 식탁을 떠날 수 있도록 한다. 3분 휴식 후 아이가 식탁으로 돌아오게 한다. (식사가 끝날 때까지 반복)
4. 아이가 5분 동안 앉아 있어야 한다. 보상을 준다(예: 2분 휴식, 작은 간식). 식탁으로 돌아온다. (식사가 끝날 때까지 반복)	4. 아이에게 한 입 크기의 음식을 여덟 번 주고, 이를 먹은 후 식탁을 떠날 수 있도록 한다. 2분 휴식 후 아이가 식탁으로 돌아오게 한다. (식사가 끝날 때까지 반복)
5. 아이가 10분 동안 앉아 있어야 한다. 보상을 준다(예: 1분 휴식, 작은 간식). 식탁으로 돌아온다. (식사가 끝날 때까지 반복)	5. 아이에게 한 입 크기의 음식을 열 번 주고, 이를 먹은 후 식탁을 떠날 수 있도록 한다. 1분 휴식 후 아이가 식탁으로 돌아오게 한다. (식사가 끝날 때까지 반복)

학습활동 2.4

앉아서 식사하기

방법 1:

환경 통제: --

음식을 치우기 전에 아이가 식탁을 떠날 수 있는 횟수: -------------------------------------

방법 2:

목표 시간 또는 음식의 양: ---

강화물: --

날짜	식사(아침-점심-저녁-간식)	식사 시간/식사량	아이가 식탁을 떠난 횟수	행동 묘사
	아침-점심-저녁-간식			
	아침-점심-저녁-간식			
	아침-점심-저녁-간식			
	아침-점심-저녁-간식			
	아침-점심-저녁-간식			
	아침-점심-저녁-간식			
	아침-점심-저녁-간식			
	아침-점심-저녁-간식			
	아침-점심-저녁-간식			
	아침-점심-저녁-간식			

학습활동 2.5

천천히 식사하기

날짜	식사 (아침-점심-저녁-간식)	+/-	+/-	+/-	+/-	+/-	+/-	+/-	+/-	+/-	+/-	식사 시간
	아침-점심-저녁-간식											
	아침-점심-저녁-간식											
	아침-점심-저녁-간식											
	아침-점심-저녁-간식											
	아침-점심-저녁-간식											
	아침-점심-저녁-간식											
	아침-점심-저녁-간식											
	아침-점심-저녁-간식											
	아침-점심-저녁-간식											
	아침-점심-저녁-간식											

숟가락을 내려놓는 행동에 대한 보상으로 주는 작은 강화물:------------------------------

\+ = 숟가락 내려놓기 촉구 성공

− = 숟가락 내려놓기 촉구 실패

비고:

학습활동 2.6

식사 계획하기

아이에게 줄 수 있는 건강한 간식은 무엇인가?

아이에게 줄 수 있는 건강한 식사는 무엇인가?

아이에게 줄 수 있는 건강한 음료수는 무엇인가?

아이가 많은 양을 섭취하여도 되는 건강한 음식은 무엇인가?

내가 식사량을 제한하는 방법으로 표적으로 삼고자 하는 음식은 무엇인가?

아이의 일과에 추가할 수 있는 운동은 무엇인가?

학습활동 2.7

식사 및 운동 데이터 시트

보상: ....

식사 목표: 운동 목표:

1. ....   1. ....

2. ....   2. ....

3. ....   3. ....

날짜	식사 목표			운동 목표			보상 및 참고
	1 +/-	2 +/-	3 +/-	1 +/-	2 +/-	3 +/-	

보충 회기 2 정리

자폐 스펙트럼 장애 아동의 섭식 문제는 다음과 같이 네 가지로 구분된다

1. 편식 및 식감 문제: 자폐 스펙트럼 장애를 가진 다수의 아동이 편식을 심하게 한다. 극소량을 섭취하거나 특정 음식만 먹기도 한다. 일부 자폐 스펙트럼 장애 아동은 특정 음식의 색깔, 식감 또는 냄새를 꺼려한다. 편식 아동은 정해진 음식 외에는 식사를 거부하기도 한다.

2. 앉아서 식사하기 어려움: 일부 자폐 스펙트럼 장애 아동은 식사 시간 내내 식탁에 앉아 있는 것을 힘겨워한다. 어떤 아동은 거의 모든 환경에서 가만히 앉아 있지 못한다. 음식 조각을 가로채서 달아나기도 하고, 한 입을 더 먹기 위해 몇 분 후에 식탁에 돌아오기도 한다. 어떤 아동은 식사 대신 하루 종일 간식을 먹어 식사 시간 동안 배고프지 않을 수도 있다. 아동은 식사 시간 동안 배고프지 않는 경우, 아동이 식탁에 앉아 먹도록 하는 것이나 음식의 종류를 늘리는 것이 더욱 어려워진다.

3. 너무 빠른 식사: 어떤 아동은 이미 입에 있는 음식을 다 삼키기도 전에 다량의 음식을 입에 넣기도 한다. 그런가 하면 어떤 아동은 식탁에 앉은 후 몇 분도 채 지나지 않아 그릇에 담긴 음식을 모두 해치운다.

4. 과식: 자폐 스펙트럼 장애를 가진 일부 아동은 식사 시간 동안 다량의 음식을 섭취하고 다른 사람의 그릇에 담긴 음식을 가져다 먹기도 한다. 어떤 아동은 허락도 없이 냉장고나 찬장에서 음식을 가져다 먹는다. 이러한 아동을 대상으로 섭취량을 제한하면 아동이 성질을 부리거나 공격행동을 보이므로 갈등을 초래할 수 있다.

이와 같은 섭식 문제는 개별적으로 또는 복합적으로 발생한다. 종종 한 가지 문제행동을 교정하면 다른 문제행동에 긍정적인 영향을 미칠 수 있다.

식사 시간 일과 설정하기

식사하기 전에 식사 시간과 장소를 미리 정하는 것이 중요하다. 식사는 4~5시간 간격으로 한다. 식사 시간이 가까워지면 간식을 자제하고, 저칼로리 간식을 먹인다. 식사 시간을 짜기 위한 전략은 다음과 같다.

1. 매일 같은 시간에 간식과 식사를 준다. 식사 또는 간식 시간은 20~30분을 넘겨서는 안 된다.

2. 간식은 아침에 한 번, 오후에 한 번, 가끔씩 저녁에 한 번으로 제한한다.

3. 간식 및 식사에 시간 제한을 둔다.

4. 긍정적인 식사 분위기를 형성한다. 아동의 식사가 성공적인 경우(예: 선호하지 않는 음식을 시도하거나 새로운 식감의 음식을 시도) 식사를 마치도록 한다. 그렇지 않은 경우, 아동이 얌전해지면 식사를 마치도록 한다. 소리 지르기, 울기, 또는 경도의 공격행동 등의 도피행동을 경감하기 위해 이를 계획적으로 무시한다.

기타 제안

아동이 먹을 음식 안에 무언가(예: 아동 몰래 먹일 수 있는 보충제)를 숨기지 않도록 한다. 그러한 행위는 부모에 대한 아동의 불신을 초래하고, 아동이 새로운 음식을 먹지 않을 가능성이 높아진다.

편식이 극심한 아동

편식을 줄이기 위한 첫 번째 전략은 행동형성법(shaping)이다. 행동형성법을 통해 아동의 행동에 작지만 점진적인 변화를 가져올 수 있고, 점차 기대치를 높일 수 있다. 예를 들어, 새로운 음식을 도입할 때 항상 소량으로 시작한다. 두 번째 전략은 긍정적인 강화(칭찬, 스티커, 토큰, 선호 음식 등)이다.

아동은 새로운 음식을 접하면 기분이 상하고 심지어 토할 것 같은 기분이 들기도 한다. 아동의 입에서 소리가 나면 목이 막히는 것이 아니므로 그 행동은 무시해도 된다. 아동이 음식을 내뱉거나, 혀로 음식을 밀어 내려고 할 수도 있다. 혹은 음식이 아동의 입 밖으로 완전히 나오거나 아동의 입가에 걸려 있을 수도 있다. 아동이 토해 낸 음식을 침착하게 닦아 내고, 아동이 선호하는 음식을 제한하거나 식사 동안 사용하려고 했던 강화물을 제한한다. 당신은 이미 토해 낸 음식을 다시 아이에게 갖다 줄 수도 있는데, 이 방법은 음식을 내뱉는 경우가 드문 아이에게 효과적일 수 있다. 음식을 자주 내뱉는 아동의 경우, 아동이 음식을 삼키는 즉시 강력한 강화물을 제공해 준다. 아동이 새로운 음식을 받아들이면, 그 음식을 정기적인 식사에 포함시킨다.

음식을 삼키는 대신 입 안에 음식을 담아 두는 아동의 경우, 음식을 삼키게 하기 위해 상기한 바와 유사한 강화 절차를 실시할 수 있다. 혹은 아동에게 음식 삼키는 모습을 과장해서 보여 줄 수도 있다. 처음에는 매일 1~2회 간식을 먹일 때 이 방법을 시도해 보고, 이후 정기적인 식사 시간에 실시해 보도록 한다.

앉아서 식사하지 않는 아동

우선, 아동이 식사 대신에 선호하는 활동을 제한한다. 그리고 나서 모든 음식을 식탁에 앉아 먹어야 하는 규칙을 설정한다. 마지막으로, 아동이 음식을 더 먹기 위해 식탁에 돌아올 수 있는 횟수를 점차 줄인다.

또 다른 방법은 아동이 식탁에 앉아 있어야 하는 시간을 점차 늘리는 것이다. 타이머를 사용하거나 음식을 한 입 먹는 횟수를 세는 방법을 추가할 수도 있다. 아동이 정해진 시간 동안 앉아 있는 데 성공하면 칭찬, 스티커, 포인트 등 강화물을 제공한다.

식사 속도가 너무 빠른 아동

음식을 너무 빨리 먹는 행동은 식사 속도를 늦추는 방법을 지도하는 것과 예방 전략을 병행함으로써 관리할 수 있다. 예를 들어, 아이가 한 입을 먹고 나면 그릇이나 식탁 위에 숟가락 또는 포크를 놓도록 지도한다. 우선 아이가 숟가락 또는 포크를 놓게 하고, (칭찬이나 등을 두드림으로써 강화를 한 후) 다섯까지 세고 나서 아이가 다음 한 입을 먹게 한다. 이 일과가 설정되면, 아이가 직접 먹는 횟수를 세도록 지도한다. 특히 초기에는 한 입을 먹고 나면 그릇을 치우는 것도 유용한 예방 전략이 될 수 있다.

과식하는 아동

과식을 관리하기 위한 한 가지 방법은 예방 전략의 활용이다. 고지방 또는 고칼로리 간식용 음식을 제거하고, 보다 건강한 음식으로 이를 대체한다. 물은 칼로리가 없는 최고의 음식이다. 하루에 세 번 규칙적인 식사로 배고픔을 줄임으로써 과식을 예방한다. 예를 들어, 어떤 아동은 식사를 건너뛰고 나서 과식을 한다. 매우 배가 고프기 때문이다. 식사를 건너뛰면 정기 식사 시간 사이에 고칼로리, 고탄수화물 간식을 먹게 된다. 또 한 가지 방법은 규칙적인 운동을 계획하여 실시하면 아동의 식욕을 통제하고 건강을 유지할 수 있다.

보충 회기 **3** 모방 기술

학습활동 3.1

모방할 행동 선택하기

표적으로 삼기에 가장 수월한 단일 단계 동작은 무엇인가?

1. _____

2. _____

3. _____

표적으로 삼기에 가장 수월한 2단계 또는 3단계 동작의 순서는 무엇인가?

1. _____

2. _____

3. _____

강화물: _____

개별 지도

동작	강화물	모방된 행동	촉구된 행동
1.			
2.			
3.			
4.			
5.			
6.			

7.			
8.			
9.			
10.			

자발적 모방

동작	모방 대상	모방 장소
1.		
2.		
3.		
4.		
5.		
6.		
7.		
8.		
9.		
10.		

보충 회기 3 정리

타인을 모방할 수 있는 능력은 아동의 학습에 필수적인 요소다. 우리는 타인을 관찰하고 그의 행동을 모방함으로써 학습한다. 아이가 모방을 하지 않는 경우, 모방 기술을 가르칠 수 있는 방법을 모색해야 한다. 모방 지도의 목표는 아이가 모든 일상적 환경에서 모방 기술을 함양하는 것이다. 즉, 새로운 기술을 모방하는 아이의 능력을 일반화하도록 돕는 것이다.

아직 모방을 익히지 않은 아이에게 모방을 가르치기 위한 최선의 방법은 일대일로 지도하는 것이고, 대개 운동 행동의 모방부터 시작한다. 예를 들어, 아이가 손뼉 치기, 식탁 두드리기, 손 흔들기 등의 행동을 모방할 수 있도록 격려한다. "이걸 해 봐."와 같은 간단한 지시를 곁들일 수도 있다. 아이가 간단한 동작(예: 양동이에 공을 떨어트리기, 식탁 위에 장난감 차 움직이기)을 모방할 수 있도록 사물이나 장난감을 사용하기도 한다. 아이가 행동을 모방하지 않으면, 아이가 장난감 차를 움직일 수 있도록 언어적 지시를 수행하는 동시에, 부모가 아이의 손 위에 자기 손을 포개어 촉구하는 방법을 쓸 수도 있다. 아이가 해당 행동을 실제로 모방할 수 있을 때까지 시범을 보이는 동시에 지시를 내리는 일련의 과정을 반복한다. 아이가 사물을 이용한 단일 운동 행동(예: 장난감 차 굴리기, 장난감 블록 두드리기, 블록 두 개를 쌓아 올리기 등)과 신체 행동(손뼉 치기, 손가락 두드리기, 발 구르기, 머리 만지기 등)을 모방하기 시작하면, 여러 행동으로 이루어진 순차적 행동(손뼉 친 후에 머리 만지기 등)을 모방하는 단계로 넘어갈 수 있다. 이 순차적 사물 모방은 장난감 차 굴리기나 인형을 앞자리에 놓기를 비롯한 놀이 기술의 시발점이 된다.

아이가 일상에서 마주하는 더 복잡한 행동을 모방할 수 있도록 3단계 운동 순서를 모방하는 것을 목표로 삼는다. 아이가 특정 행동을 모방하지 않으면, 아이가 그 행동을 따라 할 수 있도록 신체를 동원해 직접 아이를 지도하고 이를 반복한다. 모방 기술 획득과 사용을 어려워하는 아이의 경우, 이러한 지도 방식이 불만족스럽고 진도가 더딜 수 있다. 그러나 진도가 느려도 꾸준히 발전하는 아이도 있다. 그런가 하면 진전이 없어 보이다가 갑자기 '도약'하면서 모방 기술을 빠르게 획득하는 아이도 있다. 꾸준한 지도가 관건이다.

학습활동 4.1

자폐 스펙트럼 장애 아동의 흔한 수면 문제

1. 취침 시간 일과 적응의 어려움

2. 잠들기 어려움

a. 침대에 누워 15~20분 이상 잠들지 않음.

3. 밤중 잠들기 어려움(즉, 밤중에 깨는 것)

4. 수면 관련 문제

a. 잠들기 위해 부모 옆에서 자야 하는 경우

b. 자기 침대가 아닌 다른 장소(예: 소파, 부모의 침대)에서 잠들기

c. 잠들기 위해 어떤 사물(예: 선호하는 장난감, 켜져 있는 TV)을 필요로 하는 경우

5. 새벽 기상(즉, 오전 6시 이전)

6. 약물 관련 수면 문제

a. 코골기

b. 수면무호흡

7. 필요한 수면 시간만큼 잠들기

a. 2~5세 아동은 매일 11~13시간의 수면이 필요하다.

b. 취학기 아동은 10~11시간의 수면이 필요하다.

현재 취침 일과표

오후 ＿＿＿＿＿＿＿시부터 취침 준비 과정을 시작한다. 현재 취침 단계는 다음과 같다.

1. ＿＿＿＿＿＿＿＿＿＿＿＿＿＿＿＿＿＿＿＿＿＿＿＿＿＿＿＿＿＿＿＿＿＿
2. ＿＿＿＿＿＿＿＿＿＿＿＿＿＿＿＿＿＿＿＿＿＿＿＿＿＿＿＿＿＿＿＿＿＿
3. ＿＿＿＿＿＿＿＿＿＿＿＿＿＿＿＿＿＿＿＿＿＿＿＿＿＿＿＿＿＿＿＿＿＿
4. ＿＿＿＿＿＿＿＿＿＿＿＿＿＿＿＿＿＿＿＿＿＿＿＿＿＿＿＿＿＿＿＿＿＿
5. ＿＿＿＿＿＿＿＿＿＿＿＿＿＿＿＿＿＿＿＿＿＿＿＿＿＿＿＿＿＿＿＿＿＿
6. ＿＿＿＿＿＿＿＿＿＿＿＿＿＿＿＿＿＿＿＿＿＿＿＿＿＿＿＿＿＿＿＿＿＿
7. ＿＿＿＿＿＿＿＿＿＿＿＿＿＿＿＿＿＿＿＿＿＿＿＿＿＿＿＿＿＿＿＿＿＿
8. ＿＿＿＿＿＿＿＿＿＿＿＿＿＿＿＿＿＿＿＿＿＿＿＿＿＿＿＿＿＿＿＿＿＿

＿＿＿＿＿＿＿는 오후 ＿＿＿＿＿＿＿시까지는 침대에 눕는다.
＿＿＿＿＿＿＿는 오후 ＿＿＿＿＿＿＿시까지는 잠든다.

취침 준비를 할 때 다음과 같은 문제가 흔히 발생한다.

학습활동 4.3

취침 준비 과정 설문지

취침 준비를 시작하기 전 30분 동안 아이가 무엇을 하는가?

취침 준비를 시작하기 전 30분 동안 아이가 무엇을 먹는가/마시는가?

아동의 침실을 묘사해 보자. 주위에 가전제품이나 장난감이 있는가?

1. 아이가 잠들기 위해서 특정 사물/사람을 필요로 하는가?

2. 아이가 어디서 잠드는가?

3. 아이가 잠들기까지 얼마나 걸리는가?

4. 아이가 밤중에 깨는가? 그렇다면 얼마나 자주 깨는가?

5. 아이가 밤중에 여기저기 움직이는가(즉, 자기 침대에서 일어나 부모의 침대로 이동)?

6. 그렇다면 아이가 어디에서 어디로 이동하는가?

7. 아이가 코를 심하게 고는가? 그렇다면 어떻게 심한지 묘사해 보자.

8. 아이가 현재/과거에 수면무호흡증을 가지고 있는가/가진 적이 있는가?

9. 아이가 수면을 돕기 위한 약물을 현재/과거에 복용하는가/복용했는가?

10. 아이가 수면을 방해하는 약물을 현재 복용하는가?

11. 아이가 보통 기상하는 시각은 언제인가?

12. 아이가 악몽을 꾸거나 야경증 증세를 보이는가? 그렇다면 이를 묘사해 보자.

13. 아이가 몽유병 증세를 보이는가? 그렇다면 이를 묘사해 보자.

학습활동 4.4a

2주 수면 기록 예시

성명(아동): ___수전___ 수면을 기록하는 사람: ___어머니___

1. 깨어 있는 시간은 공백으로 둔다.
2. 취침 시간은 아래 방향 화살표로 표시한다.
3. 아이가 실제로 잠들어 있는 시간대를 채운다/칠한다.
4. 기상 시간은 위 방향 화살표로 표시한다.

날짜	12a	1a	2a	3a	4a	5a	6a	7a	8a	9a	10a	11a	12p	1p	2p	3p	4p	5p	6p	7p	8p	9p	10p	11p
11/8	↑																			↓				
11/9																				↓				
11/10			↑																		↓			
11/11	↑																			↓				

학습활동 4.4b

2주 수면 기록

성명(아동): ....   수면을 기록하는 사람: ....

1. 깨어 있는 시간은 공백으로 둔다.
2. 취침 시간은 아래 방향 화살표로 표시한다.
3. 아이가 실제로 잠들어 있는 시간대를 채운다/칠한다.
4. 기상 시간은 위 방향 화살표로 표시한다.

날짜	12a	1a	2a	3a	4a	5a	6a	7a	8a	9a	10a	11a	12p	1p	2p	3p	4p	5p	6p	7p	8p	9p	10p	11p

학습활동 4.5a

수면 행동 일지 예시

날짜	취침 일과 시작 시각	아이가 침대에 누운 시각	아이가 잠든 시각	취침 중 문제행동	그 행동에 어떻게 대응했는가
2/16	8:45pm	9:45pm	10:30pm	취침 시간 후 45분 동안 깨어 있었다.	수전이 잠들 때까지 내 방에 함께 머물렀다.
2/17	7:30pm	9:00pm	10:10pm	자기 침대에서 자지 않으려고 했다.	내 침대에서 잠들게 했다. 수전이 잠들자 수전의 침대로 옮겨 놓았다.
2/18	8:15pm	9:10pm	10:40pm	취침 시간 후 30분 동안 깨어 있었다.	내가 수전의 방에 머물며 동화를 읽어 주었다.
2/19	7:45pm	9:20pm	11:00pm	새벽 1시 30분에 깨어 내 침대로 기어들어 왔다.	내 침대에서 잠들게 했다.

수면 행동 일지

날짜	취침 일과 시작 시각	아이가 침대에 누운 시각	아이가 잠든 시각	취침 중 문제행동	그 행동에 어떻게 대응했는가

학습활동 4.6

취침 시간 일과표

환경: 온도, 제한된 조명, 실내 전자 기기 제거

감각: 소음 조절, 백색 소음, 침구 및 잠옷의 질감

음식: 카페인이 든 음식 섭취를 자제

활동: 취침 30분 전 신체 활동과 전자 기기 사용을 자제

약물/건강: 약물 부작용

취침 시간에 이르기까지 수면 위생(환경)의 변화

오후 _____시에 취침 준비 과정을 시작한다. 일과는 다음 단계로 이루어진다.

1.

2.

3.

4.

5.

6.

_____는 오후 _____시까지 침대에 눕는다.

기타 고려사항(즉, 취침 준비 과정의 시각적 일과표, 일과를 따를 경우 강화물, 일과를 따르지 않을 경우 아이에 대한 부모의 반응):

보충 회기 4 정리

자폐 스펙트럼 장애 아동의 취침 시간과 수면 문제

수면 위생(환경)

● 환경: 침실은 편안한 수면을 위한 최적의 온도, 최소의 소음, 제한된 조명을 갖추어야 한다. TV, 아이패드, 비디오 게임 등 전자 기기를 실내에서 제거해야 한다.

● 감각: 자폐 스펙트럼 장애 아동은 대개 다른 아동의 귀에는 거슬리지 않는 밤중 소음에도 민감하다. 이 문제를 관리하려면 아이를 깨울 수 있는 주변 소음을 덮어 줄 수 있는 천장 환풍기, 공기 청정기 또는 소음기 등에서 나오는 백색 소음을 이용하면 효과적이다. 그 외에 아동의 민감도와 관련된 문제를 촉발하는 요인에는 침구 및 잠옷의 질감이 있다. 몸에 꽉 끼는 잠옷과 헐렁한 잠옷, 가벼운 이불과 무거운 이불 등 여러 대안을 마련하면 아동이 더 편안한 수면을 하는 데 도움이 된다.

● 음식/음료: 아동은 취침 몇 시간 전에 탄산음료나 초콜릿이 함유된 음식 등 카페인이 든 음식의 섭취는 자제해야 한다.

● 활동: 마음을 안정시키는 활동이 취침 준비를 시작하기 전에 포함되어야 한다. 신체 운동이나 놀이는 취침하기 전 30분 동안은 자제해야 한다. TV를 보거나 컴퓨터 게임을 하는 것도 취침하기 전에는 자제해야 한다.

● 약물/건강: 일부 약물은 아동의 취면 또는 숙면 능력을 방해할 수 있다. 아동이 약물을 복용하는 경우, 잠재적 부작용과 관련하여 담당 의사와 상의해 보는 것이 좋다. 아동의 약물 복용 일정을 조정하면 수면 향상에 도움이 될 수 있다.

● 기대 사항: 아동이 침대에 눕고 15~20분 내에 잠이 들어야 한다.

취침 시간 일과

자폐 스펙트럼 장애 아동은 매일 수행하는 일과가 일관적이고 예측 가능할수록 더 좋은 반응을 나타낸다. 그러므로 일관된 취침 준비를 설정하면 아동의 취침 행동을 개선할 수 있다. 우선 취침 준비 과정에는 정기적인 취침 시작 시간을 포함해야 한다. 일과를 변경할 경우 이를 나타낼 수 있는 시각적인 전략을 사용할 수 있다. 문제행동을 예방하기 위해 아동의 취침 단계를 조정할 수 있다.

잠들기 어려움

어떤 아이들은 '불이 꺼진 후' 15~20분 내에 잠들지 못한다. 스스로 겨우 잠들 수 있는 아이의 경우, 취침 시작 시간을 조금 늦춘 후 차츰 정해진 취침 시간으로 돌아가면서 아이가 보다 일찍 잠들 수 있게 지도하는 방법이 흔히 사용된다. 예를 들어, 아이의 취침을 위해 불 끄는 시간이 오후 8시 30분이나 평소 9시 30분이 되어서야 잠든다면, 불 끄는 시간을 오후 9시 15분으로 늦춘다. 9시 30분이 되면 일관되게 잠들기 시작하면, 취침 시간을 조금씩(예: 10분에서 15분 간격으로) 앞당긴다. 이 예시의 경우, 9시 15분에서 9시로 앞당길 수 있다. 아이가 9시 15분이되어 잠들기 시작하면, 취침 시간을 8시 45분까지 앞당긴다. 2주 동안 아이가 15~20분 내로 잠들기 시작하면 취침 시간을 더 앞당길 수 있을 것이다. 취침 시간을 너무 빨리 변경하면, 잠이 들기 시작하는 것이 다시 지연될 수도 있다.

밤중에 깨는 아이

어떤 아이는 한밤중에 깨어나 울면서 부모를 찾는다. 아이가 다시 잠들게 하려면 아이의 행동을 그냥 무시할 수도 있다. 그러나 이는 매우 어려운 방법이다. 특히 아이가 원하는 것이 있다는 생각이 들면, 잠들지 못해 우는 아이를 그냥 '무시'하는 것이 불편할 수 있다. 게다가 우는 아이는 부모뿐 아니라 모든 식구를 깨울 수도 있다. 아이를 완전히 무시함에 따른 문제를 미연에 방지하기 위해, 아이의 방에 들어가 안심시키면서 등을 쓰다듬거나 아이가 좋아하는 신체 접촉을 하기 전에, 약간의 시간을 정해 두고 기다려 보는 것도 방법이다. 그리고 나서 이 시간을 조금씩 늘려 나간다. 이 방법을 실시하려면 처음 며칠은 힘들 것이므로 일주일 중 언제가 적합한지 생각해 보아야 한다. 주말이나 휴일에 이 방법을 시작하기로 하는 가정도 있다.

수면 관련 문제를 가지고 있는 아이

자폐 스펙트럼 장애 아동은 대체로 잠들기 전까지 부모와 함께 누워 있기를 원한다. 어떤 아이들은 거실이나 부모의 침대 등 자기 침대가 아닌 다른 장소에서 잠들기도 한다. 그런가 하면 어떤 아이들은 잠들기 위해서 DVD 플레이어를 틀어 놓거나, 특정 장난감 또는 이불을 필요로 한다. 이러한 상황에서는 '점진적 소거'를 사용할 수 있다. 예를 들어, 부모가 옆에 있어야 잠들 수 있는 아이의 경우, 부모가 침대에 같이 눕는 것부터 시작해 앉아 있는 단계까지 점진적 소거를 적용할 수 있다. 이후 아이가 잠들 때까지 침대 옆에 있는 의자에 앉아 있는 단계까지 진전시킨다. 이후 아이가 잠들 때까지 의자에 앉아 있되, 의자의 위치를 방 한가운데부터 문 앞 그리고 문 밖까지 차츰 조정한다. 또 다른 점진적 소거 전략은 부모가 아이의 침대에서 차츰 나오고 나서 아이의 몸 크기만 한 베개를 들이는 것이다. 예를 들면, TV를 보는 것 대신에 부드러운 음악을 듣는 것처럼 종종 수면과 적절한 관련이 있는 것으로 점진적 소거를 사용해야 할 필요가 있다.

부모의 침대에서 잠드는 아이

아이가 한밤중에 부모의 침대로 들어오는 경우, 부모는 '오늘 하루만'이라고 넘어가고 싶을 때도 있다. 그러나 부모의 그러한 행동이 아이에게 습관이 될 수 있다(이미 습관이 되어 버리지 않았다면 말이다). 이 행동을 관리하는 최선의 방법은 부모가 아이를 제 침대로 데려다 주고, 침착하게 아이를 안정시킨 후에 자신의 침대로 돌아오는 것이다. 아이가 하룻밤 내내 자기 침실에 머무르면 보상을 해 주는 식으로 강화 시스템을 개발하는 것도 도움이 된다. 혹은 아이가 부모의 침실로 들어오는 대신 구체적인 요구사항을 전달하기 위해 부모를 부르도록 지도할 수도 있다.

보충 회기 **5** ▶ 타임아웃

학습활동 5.1

타임아웃 계획

1. 타임아웃을 이용해 표적으로 삼고자 하는 행동은 무엇인가?	
2. 타임아웃을 어디서 실시할 것인가?	
3. 타임아웃이 얼마나 지속될 것인가?	
4. 타임아웃이 끝나기 전에 아이가 얼마나 가만히 있어야 하는가?	
5. 아이가 타임아웃 영역에 가기를 거부하는 경우 무엇을 할 것인가?	
6. 아이가 타임아웃 영역에 머물기를 거부하는 경우 무엇을 할 것인가?	
7. 문제행동이 악화될 경우 무엇을 할 것인가?	
8. 집 밖에서는 타임아웃을 어떻게 사용할 것인가?	

타임아웃 과제 일지

날짜	시간	행동	지속 시간	참고

보충 회기 5 정리

타임아웃의 개요

'타임아웃'은 '긍정적인 강화물로부터의 타임아웃'을 뜻한다. 즉, 타임아웃이란 일정 시간 동안 아동에게 주어지는 모든 강화 활동을 제한하는 상황을 일컫는다.

타임아웃 상황을 조성하는 방법

1. 일시적인 계획된 무시: 관심을 주는 것이 아이의 행동을 강화하는 경우, 짧은 시간 동안 아이를 무시하는 것이 '관심 주기로부터 타임아웃'이라고 할 수 있다.

2. 일시적인 격리: 가장 흔한 유형의 타임아웃은 아이를 정해진 타임아웃 영역으로 격리하는 것이다. 의자나 방구석 등을 포함한다.

3. 일시적인 강화물 제거: 일정 시간 동안 부모가 강화물(예: 아이가 가장 좋아하는 장난감)을 제거하는 방식의 타임아웃이다. 장난감이 '타임아웃'에 놓이게 되면, 아이가 일정 시간 동안 그 장난감을 가지고 놀 수 있는 기회를 잃게 된다.

4. 타임아웃 영역을 형성하기 위해 주변인 제거: 아이가 몸집이 크거나 행동이 너무나 위험하여 타임아웃을 위해 따로 격리할 수 없는 상황이 있다. 그러한 경우, 타임아웃을 조성하기 위해 주변 사람들이 그 장소를 떠나도록 조치를 취한다.

타임아웃을 효과적으로 실시하기 위한 절차

1단계: 타임아웃을 초래하는 행동을 정한다. 타임아웃의 표적이 되는 구체적인 행동을 분명하게 정함으로써 아이가 어떠한 상황에서 일관적으로 타임아웃을 받는지 이해할 수 있도록 한다. 한번에 한두 가지 행동만 표적으로 삼고, 공격행동 등 보다 심각한 문제가 발생하면 타임아웃을 실시하는 방법이 가장 좋다.

2단계: 타임아웃 장소를 정한다. 아이에게 타임아웃을 실시하는 것이 얼마나 어려운지, 아이가 혼자서 타임아웃에 머무를 수 있는지, 집에서 '비강화' 환경으로 가장 적합한 곳이 어디인지 여부를 바탕으로 결정한다.

3단계: 타임아웃 시간을 정한다. 3~5분도 채 되지 않는 짧은 시간이어야 한다. 아이가 타임아 웃 시간을 보내고 나면, 타임아웃이 끝날 때도 흥분 상태에 있지 않는 한, 타임아웃 영 역을 떠날 수 있도록 해야 한다. 이 경우 아이에게 타임아웃을 마칠 준비가 되어 있음 을 보여 주는 행동(예: 가만히, 조용히 앉아 있음)을 10~30초 동안 요구한다. 아이가 흥 분 상태에서 타임아웃을 마무리하고, 단 몇 분도 채 지나지 않아 다시 타임아웃을 해야 하는 상황은 피해야 한다.

4단계: 타임아웃을 일관적으로 실시하고, 문제행동이 발생하자마자 시작한다. 그러면 타임아 웃이 더 효과적이며, 아이가 타임아웃을 초래하는 행동이 무엇인지 학습하는 데 도움 이 된다.

5단계: 아이에게 타임아웃 영역으로 갈 것을 지시한다. 표적행동이 발생하자마자, 단호하지 만 차분한 말투로 "＿＿＿＿＿는 하면 안 돼. 타임아웃 영역으로 가."라고 아이에게 말 한다. 아이가 타임아웃을 시작하면 아이와의 소통을 제한한다. 언쟁이나 논의와 같은 소통은 아이에게 관심을 주는 것이다. 필요한 경우에만 "얌전해지면 타임아웃에서 나 올 수 있어."라고 말한다. 어떤 부모는 타임아웃 시간을 재기 위해 타이머를 사용하기도 한다.

6단계: 타임아웃이 끝나면 재빨리 아이가 다른 활동을 하도록 한다. 타임아웃이 끝난 직후 아 이가 즐거운 활동을 할 수 있도록 해서 올바른 행동을 강화할 수 있다.

7단계: 아이에게 타임아웃 계획을 설명한다. 아이가 타임아웃을 초래하는 행동, 타임아웃 장 소, 타임아웃 시간을 이해하고, 타임아웃을 마치기 위해 문제행동을 그만두고 진정해 야 함을 이해하도록 한다.

문제해결 타임아웃

타임아웃을 사용할 때 흔히 발생하는 네 가지 문제점과 그에 대한 해결책은 다음과 같다.

1. 타임아웃 동안 아이가 방을 엉망으로 만든다. 예방이 최선의 방어책이다. 타임아웃을 위한 다 른 장소를 선택하거나, 방에서 사물을 제거한다. 타임아웃을 하는 동안 아이가 문제행동을

보이는 경우, 방을 떠나기 전에 자신이 엉망으로 만든 방을 치우도록 지시한다.

2. 아이가 타임아웃 영역으로 가기를 거부한다. 종종 아이는 타임아웃을 하기 위해 '도움을 받아야' 한다. 가능한 한 신체적 지도 없이 도움을 주어야 한다. 아이가 진정할 때까지 기다린 후에 타임아웃을 이행할 준비를 할 수 있다. 아이가 좋은 수용 언어 기술을 가진 경우, 타임아웃 영역에 가기를 거부하면 벌칙을 사용할 수 있다. 예를 들어, 아이가 타임아웃 영역에 가기를 거부할 때마다 타임아웃 시간을 1분씩 추가한다. 혹은 아이가 타임아웃보다 더 싫어하는 것을 처벌로 마련해 둔다(예: 그날 밤 TV를 볼 수 있는 특권을 상실한다. 평소보다 일찍 잠자리에 들어야 한다). 그리고 나서 아이가 타임아웃 영역에 가지 않으면, 특권을 잃을 것이라고 일러둔다. 그럼에도 아이가 여전히 타임아웃을 거부하면 준비해 둔 처벌을 이행한다(이때 처벌을 반드시 이행해야 한다). 마지막으로 아이를 격리해 둔 채 아이의 행동을 강화할 수 있는 모든 활동을 제거함으로써 타임아웃 상황을 '조성'하는 방법도 있다.

3. 아이가 타임아웃 영역을 계속해서 이탈한다. 타임아웃을 거부하는 아이와 같은 방법으로 대응한다. 일단 부모는 아이가 타임아웃 영역에 머무르는 행동을 학습할 때까지 타임아웃 영역을 떠나지 못하도록 아이의 근처에 머문다.

4. 공공장소에서 타임아웃을 실시할 곳이 없다. 어린아이를 둔 일부 가정은 가게 한복판에서 문제행동을 하는 아이를 바닥에 앉히거나, 타인으로부터 격리함으로써 타임아웃을 실시하기도 한다. 어떤 부모는 가게 밖으로 아이를 데리고 나가 길가에 앉히거나 차 안에 둔다. 그보다 나이가 든 아이들은 귀가하면 타임아웃을 해야 한다는 경고를 받는다. 친척 집에도 타임아웃 영역으로 쓸 수 있는 손님방이나 방구석이 있다. 공공장소인 지역사회 내에서 타임아웃을 사용하는 방법 중 하나는 타임아웃을 연습하기 위해 '훈련 여행'을 계획하는 것이다. 이러한 경우, 부모는 중요한 과제 또는 심부름을 완수해야 하는 부담을 덜 수 있다.

보충 회기 6 ▶ 용변 훈련

학습활동 6.1

용변 습관 평가

용변 관련 주된 우려 사항

1. 아동의 용변과 관련된 주된 우려 사항은 무엇인가? --

용변 행동

1. 아이가 화장실에 가야 한다고 조기에 알리는 경고 신호가 있는가(예: 변을 참는다, 칭얼댄다, 꼼지락댄다, 몸을 마구 움직인다)? --

----

2. 아이가 화장실을 가야 함을 어떻게 알리는가[예: 말, 신호, 그림 교환 의사소통 체계(PECS)]?-----

----

3. 아이가 변기에 앉는가? 예/아니요

   그렇다면 얼마나 앉아 있는가? --

4. 아이가 하루에 몇 번 소변 및 대변을 보는가? --

5. 아이가 한꺼번에 방광을 비우는가, 아니면 한번에 소량의 소변을 보는가?------------------------

6. 아이가 얼마나 오래 건조하고 깨끗한 상태를 유지할 수 있는가? -----------------------------------

7. 아이가 옷에 대변/소변을 누는 경우 신호를 보내는가? 아이가 우려하는 기색을 보이는가?

자발적 용변 보기

1. 아이가 용변과 관련하여 다음과 같이 기본적인 자조 기술을 어떻게 해내고 있는가?

변기에 앉기/변기에서 일어서기 _____

바지를 올리기/바지를 내리기 _____

속옷을 올리기/속옷을 내리기 _____

신체 일부를 휴지로 닦기 _____

변기의 물을 내리기 _____

손 씻기/손 말리기 _____

용변 관련 건강 문제

1. 변비 또는 설사와 관련된 우려 사항이 있는가? _____
_____

2. 변기를 사용하는 동안 아이가 고통을 겪는 것을 보았는가(예: 울음, 훌쩍임, 변기를 두려워함)?
_____
_____

3. 아동의 화장실 사용에 있어 특별한 변화를 감지했는가(예: 용변 훈련 후 실수 발생)?
_____
_____

4. 아이가 용변에 도움이 될 만한 약물 또는 비처방 의약품을 복용하는가?
_____
_____

학습활동 6.2

용변 일지

X = 건조　　　　U = 변기에서 소변 보기 성공　　　　BM = 변기에서 대변 보기 성공

　　　　　　　　UA = 소변 실수　　　　　　　　　　BMA = 대변 실수

　　　　　　　　SR = 자발적 변기 사용 요청　　　　SI = 자발적 변기 사용 시도

　　　　　　　　UT = 용변 실패(비우지 못함)　　　　P = 화장실 사용 촉진

아동이 건조 상태(X)인지, 소변을 보았는지(U/UA), 대변을 보았는지(BM/BMA), 자발적으로 화장실 사용을 요청했는지(SR), 자발적으로 화장실 사용을 시도했는지(SI), 화장실 사용을 촉구 받았는지(P) 여부를 모든 칸에 표시한다. 예를 들어, 조니(Johnny)가 자발적으로 어머니에게 도움을 요청하여 화요일 오전 6시 15분에 변기에서 소변 보기에 성공하였고, 오전 8시 25분에 대변 실수를 한 후 다음과 같이 기록한다.

	화요일
오전 6시	U SR(6:15)
오전 7시	X
오전 8시	BMA(8:25)

	일요일	월요일	화요일	수요일	목요일	금요일	토요일
6am							
7am							
8am							
9am							
10am							
11am							
12pm							
1pm							
2pm							
3pm							
4pm							
5pm							
6pm							
7pm							
8pm							
9pm							
10pm							
11pm							
12am							
1am							
2am							
3am							
4am							
5am							

학습활동 6.3

용변 훈련 계획서

1. 아이가 다량 섭취하고 싶어 할 음료를 한 가지 이상 파악한다(저칼로리 음식에 집중한다).

2. 초기에 화장실 사용을 얼마나 자주 촉구(즉, 훈련 기회 제공)해야 하는가?

3. 당신의 아이를 화장실에 데려다 주는 것을 어떻게 스스로 기억(스스로 기억하도록 촉구)할 것인가(타이머, 시계 등)?

4. 아이의 화장실 사용 요청을 어떻게 촉구할 것인가?

5. 성공적인 용변을 강화하기 위해 무엇을 사용할 것인가(예: 장난감, 사탕, 놀이 시간)?

6. 용변 실수에 어떻게 대응할 것인가?

7. 용변 계획을 얼마나 자주 실행할 것인가(예: 하루에 몇 시간, 하루 중 언제)?

8. 학습을 위한 추가 고려사항/지원사항(예: 시각적 신호, 학교와 상담)

학습활동 6.4

용변 시도 지도하기

1. 아이의 용변을 촉구하기 위한 방법을 얼마나 자주 사용하는가?

2. 이러한 용변 촉구 방법을 앞으로 얼마나 사용해야 할 것인가?

3. 아이를 화장실 근처에 두기 위해 어느 장소에서 놀게 할 것인가?

4. 화장실 사용을 촉구하기 위해 어떤 강화물을 사용할 것인가?

5. 자발적 요청/시도를 강화하기 위해 무엇을 사용할 것인가(예: 장난감, 사탕, 비디오)?

학습활동 6.5

대변 훈련

1. <u>아이의 대변 습관에 있어 눈에 띄는 대변 패턴이 있는 경우</u>: 그 패턴이 몇 번이나 발생하는가?

   <u>눈에 띄는 대변 패턴이 없는 경우</u>: 대변 훈련을 언제 시작하고자 하는가?

   하루 중 2~3번의 추가 용변 훈련을 실시하고자 하는 시간을 정한다: ─────────────────

2. 아이가 변기에 얼마나 오래 앉아 있어야 하는가(최대 10분)?

3. 아이가 최대 10분 동안 변기에 머물러 있도록 어떻게 격려할 것인가(책을 읽어 준다, 영상을 틀어 준다, 노래를 불러 준다)?

   아이가 변기에 앉아 대변 보기에 성공할 때까지 '변기에 앉아 있기'와
   '10분 휴식'을 번갈아 가며 수행하는 순서를 적용한다.

4. 훈련 1회당 위의 절차를 얼마나 자주 시행하고자 하는가?

5. 당신이 10분 휴식 후 아이를 다시 화장실에 데려다 주는 것을 어떻게 기억(스스로 기억하도록 촉구)할 것인가(타이머, 시계 등)?

6. 대변 보기를 강화하기 위해 무엇을 사용할 것인가(예: 장난감, 사탕, 놀이 시간)?

7. 대변 실수에 어떻게 대응할 것인가?

8. 학습을 위한 추가 고려사항/지원사항(예: 시각적 신호, 학교와 상담)

학습활동 6.6

변기 사용 거부에 대응하기

방법 1: 행동형성법

1. 현재 아이가 얼마나 변기에 앉아 있을 수 있다고 생각하는가?

2. 아이가 변기에 앉아 있어야 하는 최소한의 시간은 얼마인가?

3. 아이가 변기에 머무는 것을 강화하기 위해 무엇을 사용할 것인가?

4. 아이가 얼마나 변기에 앉아 있어야 하는지 이해시키기 위해 어떤 시각적 신호를 사용할 수 있는가?

5. 아이가 원하는 강화물을 얻기 위해 변기에 앉아 있어야 하는 시간을 점진적으로 늘린다(예: 5초씩, 10초씩).

6. 아이가 최대 10분 동안 변기에 머물러 있도록 어떻게 격려할 것인가(책을 읽어 준다, 영상을 틀어 준다, 노래를 불러 준다)?

기억할 것:
  * 아이가 변기에서 일어서면 강화물을 주지 않는다.

방법 2: 변기에서 신경질을 부리지 않도록 한다

1. 아이가 변기에 앉아 있어야 하는 최소한의 시간은 얼마인가?

2. 아이가 얼마나 변기에 앉아 있어야 하는지 이해시키기 위해 어떤 시각적 신호를 사용할 수 있는가?

3. 아이가 변기에 머물러 있도록 어떻게 격려할 것인가(책을 읽어 준다, 영상을 틀어 준다, 노래를 불러 준다)?

4. 아이가 원하는 강화물을 얻기 위해 변기에 앉아 있어야 하는 시간을 점진적으로 늘린다(예: 5초씩, 10초씩).

기억할 것:
* 타이머가 울릴 때까지 아이가 변기에 머물 수 있도록 한다(아이가 특정 활동을 하도록 해도 된다).
* 아이가 소리 지름이 아니라 타이머 벨소리에 반응하여 변기에서 일어나도록 한다.

1. 강화하고자 하는 행동의 순서가 무엇인가(예: 먼저 10초 동안 화장실 문 앞에 선다. 그러고 나서 싱크대 앞에 선다. 그리고 변기 앞에 선다. 변기 뚜껑을 내리고 변기에 앉는다. 기타 등등)?

1. --
2. --
3. --
4. --
5. --
6. --
7. --

2. 아이가 얼마나 오랜 시간 동안 표적 단계의 행동을 수행해야 하는가?

3. 표적 단계의 완수를 강화하기 위해 무엇을 사용할 것인가?

4. 아이가 표적 단계를 완수하도록 어떻게 격려할 것인가(예: 책을 읽어 준다, 영상을 틀어 준다, 노래를 불러 준다)?

학습활동 6.7

기저귀 습관에 대응하기

방법 1: 화장실에 머무는 행동을 형성하기

1. 강화하고자 하는 행동의 순서가 무엇인가(예: 먼저 화장실 문 앞에서 변을 본다. 그리고 나서 싱크대 앞에서 변을 본다. 그리고 변기 앞에서 변을 본다. 변기 뚜껑을 내리고 변기에 앉는다. 기타 등등)?

1. _____
2. _____
3. _____
4. _____
5. _____
6. _____
7. _____

2. 표적 단계의 완수를 강화하기 위해 무엇을 사용할 것인가?

기억할 것:

- 기저귀를 요청하면 제공한다. 그러나 아이가 대변을 보는 동안 표적 단계의 행동을 해야 한다.
- 아이가 기저귀를 착용한 채로 변기에 앉는 것을 규칙적으로 수행하는 경우, 기저귀에 구멍을 내거나 기저귀를 뒤로 접어서 아이가 변기에서 배변하게 한다.
- 기저귀가 더 이상 필요하지 않을 때까지 기저귀에 계속 구멍을 내거나 기저귀를 뒤로 접는다.

학습활동 6.8

야뇨증에 대응하기

야뇨에 대응하기 위해 다음 네 가지 전략 중에서 무엇을 시행해야 하는가?

☐ 저녁식사 후 또는 취침 2시간 전에 음료 섭취를 제한한다.

☐ 아이가 용변할 수 있도록 밤중에 아이를 깨운다.

☐ 밤중에 건조 상태를 유지하도록 정적 강화 프로그램(예: 스티커 차트)을 사용한다.

☐ 벨–패드(bell-and-pad) 형 야뇨 경보기를 사용한다.

보충 회기 6 정리

자폐 스펙트럼 장애 아동의 용변 문제 개요

아동이 흔히 직면하는 용변 문제는 다음과 같다.

1. 아이가 용변 기술을 익히지 않았다.

2. 아이가 일과표 훈련을 받았으나, 스스로 용변을 시도하지 않는다.

3. 아이가 소변 훈련을 받았으나, 대변 훈련을 받지는 않았다.

4. 아이가 특정 기저귀 습관을 가지고 있다(예: 변기 대신에 기저귀에 대변 보기를 고집함).

5. 아이가 변기에 앉기를 거부한다.

6. 취학기인 아이가 낮에는 일관적으로 변기를 사용하지만 야뇨 증세를 보인다.

용변 훈련은 다음과 같이 세 가지 구성요소로 이루어진다

1. 음료 섭취량 증가: 용변 훈련을 시작하기 약 30분 전에 아이가 좋아하는 음료를 제공한다. 아이가 그날 외출을 해야 하는 경우, 음료 섭취량을 점차 줄여야 함을 명심한다. 취침 2시간 전에 음료 섭취를 중단한다.

2. 촉구를 통한 규칙적인 변기 사용: 일정 시간 간격으로 타이머의 시간을 설정하고, 용변 촉구를 위한 일과를 수립한다. 매 시간 간격이 끝날 때마다, 아이가 화장실 사용을 요청하도록 촉구한다[예: 말, 신호, 그림 교환 의사소통 체계(PECS)]. 아이가 요청할 수 있도록 신체적, 시각적, 언어적 촉구 방법을 사용한다. 어른이 감독하면서, 아이는 즉각 소변을 보지 않는 한 1~3분 동안 변기에 앉아 있는다. 아이가 변기에 소변을 보고 나면 즉시 그 행동을 강화한다. 아이가 변기에 앉아 있어도 소변을 보지 않으면 "괜찮아, 오줌을 누지 않아도 돼."라고 간단히 말한다.

3. 실수 대응: 용변 실수의 초기 조짐이 보이면 아이의 행동에 간섭한다(예: "안 돼! 변기에서 오줌 누어야 해."). 아이를 질책하는 것이 아니라, 아이의 행동을 아주 분명하게 수정하는 것이어야 한다. 아이를 화장실로 안내하고, 옷을 벗도록 하고, 변기에 앉도록 한다. 아이가 변기에 소변을 보고 나면, 칭찬을 많이 해 준다. 변기에 소변을 보지 못하면, 아이가 옷을 입고 일과를 재개하도록 촉구한다.

'점진적 소거'로 촉구 제거하기

아이가 일관적으로 변기를 사용하기 시작하면, '점진적 소거'로 용변 일정을 점진적으로 제거해 나간다(예: 30~45분, 1시간, 1시간 반 등). 그리고 나서 강화물의 사용을 차츰 제거한다(예: 하루에 한 번, 이틀에 한 번 그리고 나서 중단 등) 아이가 속옷만 착용하게 한 경우, 다시 바지를 입게 한다. 그리고 음료 섭취량을 줄인다.

아이가 자발적 용변 보기를 시도하도록 지도하기

어떤 아동은 스스로 변기를 사용하거나 화장실에 갈 것을 요청하는 법을 학습해야 한다. '자발적 용변 보기 시도 지도하기'는 용변 일과를 시작한 후에 수행하도록 한다. 그러면 아이가 변기에 용변하는 것에 익숙해져서 그러한 행동을 강화할 수 있다. 용변을 촉구하는 시간 간격을 점차 늘리고, 아이가 변기를 써야 하는 경우 아이를 화장실 근처에 두도록 한다.

대변 훈련 절차

소변 훈련을 완수했지만 변기가 아닌 곳에서 대변을 보는 경우, 소변 훈련과 유사한 대변 훈련 프로그램을 마련할 수 있다.

기저귀 습관

어떤 아동은 변기에 용변하기를 거부한다. 대신 대변을 참고 기저귀에 보는 것을 선호한다. 이 문제를 해결하기 위해, 우선 강력한 강화물을 파악한다(예: 아이가 좋아하는 영상). 그리고 아이가 요청하면 기저귀를 제공하되, 아이가 화장실에 들어가서(변기 위가 아니더라도) 기저귀를 쓰도록 요구한다. 아이가 이 행동을 하기 시작하면, 기저귀를 착용한 채 변기에 앉도록 한다. 기저귀에 구멍을 내거나 기저귀를 뒤로 접어서 아이가 변기에서 대변을 보게 한다. 기저귀가 더 이상 필요하지 않을 때까지 기저귀에 계속 구멍을 내거나 기저귀를 뒤로 접는다. 단계별로 강화물을 사용한다(예: 아이가 부모의 요청을 완수하자마자 몇 분 동안 아이가 좋아하는 영상을 보여 준다).

변기에 앉기를 거부하는 아이

변기 훈련 프로그램을 시작하기 최소 2~3분 전에 아이가 변기에 앉도록 지도해야 한다. 우선 강력한 강화물을 파악한다. 그리고 매우 짧은 시간(3~10초)부터 시작해서 변기에 앉아야 하는 시간을 형성(shaping)한다. 그리고 아이가 원하는 강화물을 얻기 위해 변기에 앉아 있어야 하는 시간을 점차 늘린다. 아이가 변기에 앉아 있어야 하는 시간 간격을 파악할 수 있도록 타이머를 사용할 수 있다.

야뇨 증세를 보이는 취학기 아동

저녁식사 후 음료 섭취를 제한하거나, 밤중에 아이를 깨워 용변하게 하거나, 밤중에 건조 상태를 유지하도록 정적 강화물을 사용하는 것이 흔한 방법이다. 벨-패드 형 야뇨 경보기를 사용하는 것도 고려해 볼 만하다. 이 경보기는 침대가 젖으면 알람을 울린다. 며칠 또는 몇 주 내에 아동은 알람이 울리기 전에 스스로 일어나서 화장실에 가는 행동을 학습하게 된다. 데스모프레신 코 분무기 제품을 사용하는 것도 어떤 아이에게는 효과적이다. 데스모프레신의 효력은 시간이 지남에 따라 점차 약화되므로, 어떤 부모는 아이의 외박 또는 야영 활동 등 '필요한 경우'에만 이를 사용한다.

보충 회기 **7** 위기 관리

학습활동 7.1

안전 계획표

행동 설명: _____

_____

해당 행동이 발생하지 않는 상황: _____

_____

해당 행동을 관리하기 위한 이전 및 현재 시도 설명: _____

_____

해당 행동에 대한 선행사건 설명: _____

_____

행동 연쇄: _____

_____

선행사건 관리 전략

● 상황 또는 사람을 피한다.

● 환경을 통제한다.

● 조금씩 대응하거나 단계별로 대응한다.

● 사건의 순서를 바꾼다.

● 문제의 초기 조짐에 반응한다.

● 질문 또는 대답하는 법을 바꾼다.

● 배경 사건을 바꾼다.

- 시각적, 청각적 신호를 사용한다.
- 요구의 시간을 바꾼다.
- 아이가 좋아하지 않는 활동을 완수하면 그에 대한 보상으로 좋아하는 활동을 하게 한다.
- 일과를 설정한다.

선행사건 관리 전략

1. ---
2. ---
3. ---
4. ---

기능적인 의사소통 훈련

- 표적행동을 지도하거나 강화하기 위한 대안 기술/행동

강화하고자 하는 대안 행동

1. ---
2. ---
3. ---

사용하고자 하는 강화물

1. ---
2. ---
3. ---

현재 결과

1. ---
2. ---
3. ---

얼마나 효과적인가

1. _____

2. _____

3. _____

새로운 결과

1단계: 아이가 _____ 할 경우
나는 _____할 것이다.

2단계: 아이가 _____ 할 경우
나는 _____할 것이다.

3단계: 아이가 _____ 할 경우
나는 _____할 것이다.

학습활동 7.2

안전 계획 개발

1. 아이를 이동시켜야 하는 특정 장소가 있는가?

　　--

　　a. 어떤 시점에서 그러한 행동이 발생해야 하는가?

　　--

　　b. 아이를 그 장소로 어떻게 이동시켜야 하는가?

　　--

2. 이용할 수 있는 재료 또는 물건이 있는가(예: 매트리스, 베개, 어른용 보호 장갑 등)?

　　--

　　a. 그렇다면 그 물건을 누가 가져다줄 것이며, 어디에 보관할 것인가?

　　--

3. 해당 영역에 있는 물건을 제거해야 하는가(예: 가구, 아이가 던질 수 있는 물건)

　　--

　　a. 그렇다면 누가 제거할 것인가?

　　--

4. 도움을 요청하기 위해 연락할 수 있는 타인이 있는가? 그렇다면 그들의 연락처는 이용 가능한가? 누가 그들에게 연락할 것인가?

　　--

5. 아이가 신체적 관리 중재를 필요로 하는 시점이 언제인가?

　　--

　　a. 부모가 훈련을 받아야 하는가?

　　--

6. 특정 시점에서 연락이 닿아야 하는 해당 지역의 위기 관리 팀이 존재하는가?

----

   a. 그 시점은 언제이며, 누가 연락을 해야 하는가?

   ----

7. 아이를 병원으로 이송해야 하는 시점은 언제인가?

----

   a. 누구에게 연락해야 하며, 어떻게 연락할 것인가?

안전 계획서 예시

아동 행동	대응
1a. 존(John)이 소리를 지르기 시작한다.	존에게 방으로 돌아가 진정할 것을 제안한다. 아동의 행동이 악화될 것에 대비하여 어른은 청자켓과 장갑을 미리 착용한다. (혼자인 경우) 어른은 벨트에 휴대전화를 두거나 집에 있는 경우 다른 식구에게 이를 알린다.
1b. 존이 순응한다.	존이 진정하고 3분 동안 조용히 할 때까지 존을 방에 두고 밖에 서 있는다. 이후 존이 방에서 나와 활동을 재개하도록 한다.
2a. 존이 자기 침실로 가기를 거부한다.	존의 오른쪽 팔을 쥐고 (당신의 왼손은 존의 오른쪽 팔 위에 두고, 오른손은 존의 오른쪽 팔목 바로 위에 둔다.) 존을 방으로 데리고 간 후, "방에 들어가서 진정해야 한다."고 말한다.
2b. 존이 순응한다.	존이 진정하고 조용히 할 때까지 존을 방에 두고 밖에 서 있는다. 이후 존이 방에서 나와 활동을 재개하도록 한다.
3a. 존이 어른의 살을 꼬집는 등 공격행동을 보인다.	존이 팔과 손을 꼬집는 것(이에 대비하여 보호구를 착용)을 무시하고 계속 존을 방으로 데리고 간다. 존을 침대에 앉히고 방을 나온다. "진정할 때까지 방에 머물러야 한다."고 말한다.
3b. 존이 방에 머문다.	존이 3분 동안 진정하고 조용히 할 때까지 존을 방에 두고 밖에 서 있는다. 이후 존이 방에서 나와 활동을 재개하도록 한다.
4a. 존이 방을 떠나 어른의 살을 꼬집거나 머리를 잡아당긴다.	합의된 절차에 따라 존을 자기 침실로 돌려보낸다. 문제행동이 계속 악화되는 경우, 합의된 신체적 관리 방법을 사용한다. 혼자가 아닌 경우, 식구에게 도움 요청을 위해 이웃에게 연락할 것을 지시한다. 혼자인 경우, 이웃에게 도움을 요청하기 위해 휴대전화의 단축번호를 이용해 전화한다. (이웃과 연락할 때 소리를 질러 대기 상태에 두는 것보다는 이웃에게 미리 연락을 할 수 있다.)
4b. 존이 10~15분 내로 차분해진다.	신체적 관리를 점차 줄이고, 존이 스스로 진정할 수 있도록 방을 나온다.
5. 존이 계속 애쓰면서 15분 넘는 시간 동안 공격을 시도한다.	식구 또는 이웃에게 해당 지역 위기 관리 팀에게 연락하도록 지시한다.
6. 존이 계속 문제행동을 보이며 45분 넘는 시간 동안 공격을 시도한다.	식구나 이웃에게 해당 지역 내 응급구조사에게 연락하도록 지시하여 존을 병원으로 이송한다.

학습활동 7.3b

안전 계획서

아동 행동	대응

1. 보호복과 보호구(매트리스 등)를 미리 준비해 두었는가?

2. 특정 장소에서 바로 쓸 수 있는 휴대전화나 전화기가 필요한가?

3. 지원 요청을 위한 연락처 이름과 번호:

이름   번호

  1. _____   _____

  2. _____   _____

  3. _____   _____

4. 이웃에게 연락하는 경우, 구체적으로 어떤 도움이 필요한지 이웃과 이야기를 나누어 본 적이 있는가?

5. 응급구조사가 집에 도착하면 어떻게 아이를 다루어야 하는지, 어디로 아이를 데려가야 하는지 이해할 수 있도록 이를 응급구조사에게 이야기를 나누어 본 적이 있는가?

184

학습활동 7.4

안전 계획 데이터 시트

성명: --

날짜	시간	행동	중재 유형	지속 시간	참고

학습활동 7.5

문제 해결 계획표

1. 특정 문제(들) 파악하기

2. 가능한 해결책 나열하기

3. 해결책 평가하기

가능한 해결책	장점	단점
a.		
b.		
c.		
d.		
e.		

4. 조치 절차:

　　a. _____

　　b. _____

　　c. _____

　　d. _____

　　e. _____

보충 회기 7 정리

방법 1: 아동 문제

표적행동 파악하기

아이를 위한 안전 계획서를 작성할 때, 문제행동이 발생하면 어떤 일이 발생하는지, 언제 이런 행동들이 발생하는지, 단계별로 부모와 주변인이 아이에게 어떻게 반응하는지를 우선 파악하는 것이 중요하다. 언제 이러한 문제행동이 발생하지 않는지 아는 것도 도움이 된다. 이 행동을 관리하기 위한 이전의 시도를 상기한다. 과거에 어떤 시도가 효과적이었으며, 어떤 시도가 효과적이지 못했는가? 이 문제행동을 각각 다른 상황에서 어떻게 다루었는가?

선행사건 관리 전략

문제행동이 생기는 것에서부터 막기 위해 일시적인 선행사건 관리 전략을 이용해야 하는 경우도 있다. 아이의 행동이 악화되는 경우, 해당 전략으로 문제가 발생하지 않도록 예방하고 추가 지원을 제공할 수 있다. 부모의 요구에 대한 반응으로서 아이가 위험 행동을 보이는 경우, 해당 요구를 일시적으로 줄여야 하는 경우도 있다. 이때 통제 불능에 이르기 전까지 문제행동을 약화시킬 수 있는 가능한 해결책을 알아볼 수 있는 시간을 벌 수 있다. 이런 측면에서 확인할 수 있는 공격행동으로 이어지는 그 어떤 식의 '행동 연쇄'든 확실히 알고 싶을 것이다. 이러한 행동 연쇄 내에서 중재를 통하여 위험 행동으로 악화되는 것을 방지할 수 있다.

대안 행동 지도하기

아이가 이미 의사소통을 시도하지만 그러한 소통이 인지되지 않거나 강화되지 않는 경우가 있다. 대신 부모가 아이의 의사소통에 긍정적으로 반응할 수 있다. 부모의 이러한 행동은 처음에 지시 불이행을 강화할 수도 있지만, 위험해질 수 있는 상황에서는 유일한 해결책이다. 마찬가지로 기능적 의사소통 접근법을 취하는 경우, 행동형성법을 이용하여 부모의 요구를 점차 늘릴 수 있다.

결과 이용하기

어떤 행동에 대한 결과가 기대한 것만큼 효과적이지 않을 수 있다. 부모는 해당 문제행동에 대해 새로운 결과를 도입할 수 있다.

단계별 안전 계획 개발하기

안전 계획이란 아동의 안전과 다른 식구의 안전을 유지하기 위해 이용할 수 있는 결과를 설명해 놓은 것이다. 단계별 계획을 작성함에 있어 도움이 될 만한 질문은 다음과 같다.

1. 아이가 이동되어야 하는 특정 장소가 있는가? 어떤 시점에서 그러한 행동이 발생하는가? 아이가 그 장소로 어떻게 이동되어야 하는가?

2. 이용할 수 있는 재료 또는 물건이 있는가(예: 매트리스, 베개, 어른용 보호 장갑 등)? 그렇다면 그 물건을 누가 가져다줄 것이며, 어디에 보관할 것인가?

3. 해당 영역에 있는 물건을 제거해야 하는가(예: 가구, 아이가 던질 수 있는 물건)? 그렇다면 누가 제거할 것인가?

4. 도움을 요청하기 위해 연락할 수 있는 타인이 있는가? 그렇다면 그들의 연락처는 이용 가능한가? 누가 그들에게 연락할 것인가?

5. 아이가 신체적 관리 중재를 필요로 하는 시점이 언제인가? 부모가 훈련을 받아야 하는가?

6. 특정 시점에서 연락이 닿아야 하는 해당 지역의 위기 관리 팀이 존재하는가? 그 시점은 언제이며, 누가 연락을 해야 하는가?

7. 아이를 병원으로 이송해야 하는 시점은 언제인가? 누구에게 연락해야 하며, 어떻게 연락할 것인가?

안전 계획서는 의사결정 나무와 같이 단계별로 작성되어야 한다. 각 방법에 대한 대응도 분명하게 설명되어야 한다. 필요한 모든 것을 미리 준비해 두는 것이 중요하다. 위기 관리 계획서를 작성할 때 고려해야 할 사항은 다음과 같다.

1. 보호복과 보호구(매트리스 등)를 미리 준비해 두었는가?

2. 특정 장소에서 바로 쓸 수 있는 휴대전화나 전화기가 필요한가?

3. 연락해야 하는 모든 외부인의 연락처를 가지고 있는가? 연락이 되지 않는 경우 대안으로 지원 요청을 할 사람들을 선별해 둔 적이 있는가(이웃이 연락을 받지 않는 경우 어떻게 할 것인가?) 이웃에게 연락하는 경우, 구체적으로 어떤 도움이 필요한지 이웃과 이야기를 나누어 본 적이 있는가? 응급구조사가 집에 도착하면 어떻게 아이를 다루어야 하는지, 어디로 아이를 데려가야 하는지 이해할 수 있도록 이를 응급구조사에게 이야기를 나누어 본 적이 있는가?

방법 2: 가족 또는 시스템 문제

문제 해결 모형

아동의 문제행동을 관리할 때 직면하는 어려움은 아동의 가족이 겪고 있는 다른 스트레스 촉발요인과 연관될 수도 있다. 예를 들면, 가족 재정 문제, 집 문제, 실직, 결혼생활 문제, 혹은 훈육과 관련된 다른 양육자와의 의견 불일치 등이 있다. 이러한 문제를 다루기 위해 문제 해결 모형을 적용할 수 있다. 문제 해결 과정은 다음과 같이 4단계를 포함한다.

1. 특정 문제를 파악한다: 아동 행동에 대해 이야기할 때와 마찬가지로 해결해야 하는 문제를 상세히 설명해야 한다.

2. 다양한 해결책 또는 대안을 논의한다: 브레인스토밍을 실시한다. 무슨 아이디어를 내든지 나쁜 아이디어는 존재하지 않는다. 유용한 해결책이 될 만한 아이디어를 머릿속에 떠오르는 대로 나열한다. 특정 방법의 장점부터 따지지 말고, 가능한 한 많은 제안을 떠올리도록 한다.

3. 각 해결책의 장단점을 평가한다: 장단점 평가를 통해 하나의 방법 또는 여러 개의 방법을 선택한다.

4. 선택한 해결책을 실시하는 데 필요한 구체적인 단계를 나열하고 목록을 작성한다.

저자 소개

Karen Bearss 박사는 워싱턴 대학교 정신의학 및 행동과학부 조교수이며, 시애틀 자폐 아동센터에서 RUBI 클리닉센터장이다.

Cynthia R. Johnson 박사는 러너 의과대학, 케이스 웨스턴 리저브 대학교의 교수이며, 클리블랜드 오하이오주에 있는 클리블랜드 자폐임상센터장이다.

Benjamin L. Handen 박사는 피츠버그 의과대학 소아정신의학과 교수이며, 웨스턴 정신의학연구소 및 클리닉의 자폐 및 발달장애센터에서 연구/임상서비스 부장이다.

Eric Butter 박사는 아동심리학자이며, 오하이오 주립대학교 소아학 및 심리학과 조교수이며, 오하이오주 콜럼버스에 위치한 네이션와일드 아동병원의 심리과장이다.

Luc Lecavalier 박사는 임상심리학자이자 오하이오 주립대학교 심리학 및 소아학 교수이다.

Tristram Smith 박사는 심리학자이자 행동분석가로, 로체스터 대학교 의료센터의 소아 발달/행동과 교수이다.

Lawrence Scahill 박사는 에모리 의과대학 소아과 교수이며, 애틀랜타주에 자리한 마커스 자폐센터 임상실험부장이다.

역자 소개

김붕년(Kim, Bung-Nyun, MD, PhD)

서울대학교 의과대학 및 동 대학원 석사 및 박사(정신의학: 소아청소년정신의학 분야)
Queensland Brain Institute and Child Trauma Center in Australia 장기연수 및 방문교수
현 서울대학교 의과대학 교수
　　서울대학교병원 소아청소년정신과 분과장
　　발달장애인 거점병원 및 행동발달증진센터장
　　대한소아청소년정신의학회 차기 이사장
　　국제소아청소년정신의학회 부회장
전 서울시 소아청소년광역정신보건센터장
　　한국자폐학회 회장

김예니(Kim, Ye-ni, MD, PhD)

서울대학교 의과대학 및 동 대학원 석사 및 박사(생화학: 발달신경학 분야)
Salk Institute for Biological Studies 장기연수 및 연구원
현 동국대학교 일산불교병원 부교수
　　한국자폐학회 학술이사
　　대한소아청소년정신의학회 학술위원
　　대한신경정신의학회 청소년특임위원
전 국립서울병원 소아청소년정신과 과장
　　국립서울병원 참다울학교 교장
　　국립정신건강센터 행동발달증진센터장

자폐증의 문제행동에 대한 부모훈련
-RUBI 자폐증 네트워크- 부모용 워크북
Parent Training for Disruptive Behavior
The RUBI Autism Network PARENT WORKBOOK

2020년 9월 10일 1판 1쇄 발행
2024년 9월 25일 1판 3쇄 발행

지은이 • Karen Bearss · Cynthia R. Johnson · Benjamin L. Handen
　　　　 Eric Butter · Luc Lecavalier · Tristram Smith · Lawrence Scahill
옮긴이 • 김붕년 · 김예니
펴낸이 • 김 진 환
펴낸곳 • (주) **학지사**
　　　　 04031 서울특별시 마포구 양화로 15길 20 마인드월드빌딩 5층
대표전화 • 02) 330-5114　　팩스 • 02) 324-2345
등록번호 • 제313-2006-000265호

홈페이지 • http://www.hakjisa.co.kr
인스타그램 • https://www.instagram.com/hakjisabook

ISBN 978-89-997-2183-0 93180

정가 **15,000**원

출판미디어기업 **학지사**

간호보건의학출판 **학지사메디컬** www.hakjisamd.co.kr
심리검사연구소 **인싸이트** www.inpsyt.co.kr
학술논문서비스 **뉴논문** www.newnonmun.com
원격교육연수원 **카운피아** www.counpia.com
대학교재전자책플랫폼 **캠퍼스북** www.campusbook.co.kr